田宮寛之

新しいニッポンの業界地図

みんなが知らない超優良企業

講談社＋α新書
プラスアルファ

はじめに

読者の皆さんは、どんな目的で本書を手に取られたのだろうか。ビジネスマンならば、取引先開拓のためか、それとも転職先を見つけるためか。株式投資家ならば銘柄選びのためだろうし、学生ならば就活のための業界・企業研究が目的だと思う。

人によって目的はいろいろあるだろうが、とにかく探し出したいのは成長企業であるはずだ。ビジネス、投資、就職（転職）、どの分野においても成長企業を選択しなければ話にならない。私がこの本を執筆したのは、ビジネスマンや投資家、就活生に優良企業を知っていただきたいからだ。優良企業といっても大手有名企業ではない。無名な大企業、無名な高収益企業、無名な高シェア企業、無名な高技術企業を中心に取り上げる。

国内には大手と中小を合わせると約３８６万の企業がある（２０１５年版・中小企業白書）。上場企業だけでも約３６００社だ。あまりに数が多すぎるので、最初に業界を絞らなければ企業選びが進まない。

ほとんどの人は「銀行業界とは」「自動車業界とは」などと既存の業界ごとに業界研究を行う。書店の就職コーナーに並んでいる業界研究本は業界ごとにきっちり分けられている。

しかし、社会はめまぐるしく変化しているので、既存の業界分類に当てはまらないビジネスや企業が生まれている。また、企業の業務が多角化しているので、一社が1つの業界だけに属するわけではない。従来型の業界分類は時代にマッチしていないのだ。

そもそも、従来型の企業分類では興味が湧かないのではないか。いきなり「銀行業界とは」といった堅苦しいテーマで業界研究本を読むのは、学校の授業の延長のようでつまらないと思う。それよりも世の中の動きを参考にテーマを設定し、そのテーマごとに企業を分類した業界研究本のほうがおもしろいのではないか。

そこで、私の考えをもとに企業を分類し、新たな業界研究本を執筆することにした。本書では、国内外の動きをもとに「日本の当たり前ビジネス」「食糧ビジネス」など、これまでなかった新しい業界分類を設定し、その業界の概況と将来について解説していく。もちろん、各業界に属する個別企業の紹介もする。ＢｔｏＢ企業（注）が多いので、読者の皆さんが聞いたこともない企業がたくさん出てくると思う。さらに、世間では衰退業界のイメージがあるが、実は成長の可能性が高い業界・企業も取り上げることにした。

本書はビジネスマンが取引先や提携先を探すときに役立つ。転職を考えているビジネスマンにも読んでいただきたい。有名でなくても、転職先として優れた企業が見つかるはずだ。

さらに本書は、株式投資にも役立つ。株式投資では、現在の業績よりも将来の業績が重要だ。現時点で業績好調でも、これから業績が伸びないならば株価は上がらない。株価が上昇するのは、プラス方向に業績の変化率が高い企業だ。

私は投資顧問業者ではないので、値上がりしそうな株を推奨することはできない。しかし、本書で取り上げる企業は成長性が高いので、中長期的に見れば株価が上昇していくと思う。

掲載企業の中には非上場企業もある。特に第二章・第2節「グローバルニッチトップに注目せよ」には非上場企業が多く出てくる。非上場企業には投資できないが、将来の上場候補企業が載っていると思っていただきたい。ニッチ分野で圧倒的なシェアを占め、しかもグローバルに展開している企業を紹介している。こうした企業には新たなライバルが出現しにくい。カニカマ製造装置を輸出する企業や、錆びないネジを製造する企業など、非常にユニークな会社が多いので、上場すれば株式市場で話題になるだろう。

さらに、本書は就職活動をする学生にもお薦めだ。

毎年春にリクルートキャリアが「就職白書」を発表している。企業や学生を対象に調査を行い、前年の採用・就活状況をまとめたものだ。この調査の中で、リクルートキャリアが企業に対して「学生のどういった点について不満を感じるか」と質問しているが、「最近の学生は業界・企業研究が不十分だ」との回答が多かった。学生の勤労意欲や学力についての不満は少ない。

メーカーと販売会社の区別がつかなかったり、製品やサービスを間違えたりしたまま面接に臨む学生が多く、採用担当者は不満を抱いている。

就職白書の結果を見れば、業界・企業研究の重要さがよくわかる。就活において「サークルもゼミも入っていないのでPRすることがない」「せめて英語だけでも勉強しておけば良かった」などと愚痴を言う学生がいるが、そんなことを気にする必要はない。本書を活用してじっくりと業界・企業研究してから面接に臨めばライバル達に差をつけることができる。

本書に取り上げた企業の多くは就職人気ランキングが低いどころか、学生に社名すら知られていないので新卒採用に苦労している。こうした企業は苦労して採用した社員を大切にすることが多く、福利厚生制度が充実しているのはもちろん、留学などの制度を整えていることが珍しくない。社員を大切にする社風の企業ならば、ビジネスマンの転職先としても優れているといえる。

私は記者として30年近く自動車、金融、食品、流通、住宅、外食などの業界を取材してきた。日本には知名度が低くても高度な技術を持ち、社会に貢献している企業がたくさんある。世界で通用する優秀なＢ　ｔｏ　Ｂ企業が多いというのが実感だ。最終製品を販売し、テレビＣＭをたくさん流す企業の知名度は高いが、優良企業であるとはかぎらない。

小さな企業が社会変化に対応して業績を拡大させる一方で、変化に対応できず経営不振に悩む大手有名企業は少なくない。学生就職人気ランキング上位の大手有名企業が倒産するのを見たこともある。

本書では私の経験をもとに、従来にはなかった新しい業界分類を設定し、これから伸びていく企業について解説した。読者の皆さんのビジネス、投資、就職（転職）などに活用していただければ幸いだ。

各章の末尾には、注目の企業をあらためて表組みにした。本文末掲載の企業もあるので、参考にしていただきたい。本文中の各企業の数字は、特に但し書きのない場合、２０１５年３月期決算のもの。また、掲載企業で、但し書きのない場合は上場企業だ。

（注）一般消費者ではなく、企業に対してモノやサービスを販売する企業のこと。

◉目次

第三章　世界が注視する高齢化対応の企業

第五章 急成長! 技術力が高く買われる企業

第六章　新たなインフラ需要で収益を伸ばす企業

第一章　世界の人口爆発に勝つ企業

（1）希少資源「水」を創り出す「水ビジネス」

国内は人口減でも世界は人口増

人口の推移は日本経済はもちろんのこと、世界経済全体に大きな影響を与える。日本国内は２０１０年の1億２８０６万人をピークに減少に転じ、少子高齢化が深刻な問題となりつつある。一方、世界全体では人口が急増している。国連の統計によれば、２０１２年に70億人だった人口は、２０２５年に80億人になる。単純に計算すると、毎年一年間で７７００万人増加することになる。ドイツの人口が８１００万人でフランスの人口が６６００万人。７７００万人というのはヨーロッパの大国１つ分に当たるのだ。そして、２０５０年には97億人となる見込み。

これだけ人口が増加すれば、さまざまな問題が生じる。その問題を解決するところに、または問題を未然に防ぐところにビジネスチャンスがある。それでは、人口急増に対応するビジネスを紹介しよう。

私が今注目しているのは「水ビジネス」業界だ。水ビジネスというと、山奥のきれいな水を汲んでそれをペットボトルに詰めて販売する、といったことを想像する人もいるだろう。しかし、これから解説する水ビジネスとはもっとスケールの大きなものだ。

地球は水の惑星と言われているが、地球の水のほとんどは海水で、人類が簡単に利用できる淡水は地球の水のわずか0・01％に過ぎない。水の豊かな日本では気づきにくいが、水は希少資源そのものだ。

人口がどんどん増加しているので、この希少資源を大勢の人々が奪い合うという状況が生まれつつある。さらに人口増加だけでなく新興国の経済発展が水不足に拍車をかける。新興国が工業化すれば、大量の工業用水を使用する。工業活動を行えばどうしても工業廃水が出るが、これを川や湖に流す。ただでさえ、淡水が不足しているのに、淡水の供給元を汚して水不足を深刻化させてしまう。

また、新興国の経済発展で生活水準は向上し、一人当たりの水使用量は増加する。貧しければ、毎日洗濯したり風呂に入ったりしないが、経済的に余裕ができれば、毎日洗濯し風呂にも入る。

国連の関係機関の試算によれば、２０５０年には慢性的な水不足に悩む人の数が40億人に達するとのこと。

水不足は深刻な問題だが、水不足を解消するところに大きなビジネスチャンスがある。経済産業省が２０１０年にまとめた報告書によると、２００７年の水ビジネスの世界市場規模は36兆２０００億円だが、２０２５年には86兆５０００億円と2倍以上に拡大する見込みだ。水ビジネスに関連する企業は、水ビジネス市場の拡大とともに大きく成長していくことになる。

濾過膜だけで海水が淡水に変わる

世界中で水が足りないならば作るしかない。水を作るのが海水淡水化プラントだ。中東では海岸近くに海水を淡水にするプラントが建てられている。中東諸国は原油で稼いだカネをプラント建設につぎ込んでいる。日本でも慢性的な水不足に悩む沖縄には淡水化プラントが設置されている。

淡水化プラントの建設、運営など全般を仕切るのは総合商社。現地政府や自治体などと契約を結び、巨大な施設を造って運営するといったビジネスは総合商社の得意とするところだ。さらに、**千代田化工建設**、**日揮**（にっき）、**東洋エンジニアリング**などのエンジニアリング企業も淡水化プラントで実績がある。

ところで、プラント内で海水をどのようにして淡水にしているのだろうか。海水を熱して水蒸気を集めて淡水にするのは古い方式。これでは燃料費がかさんでしまうし、二酸化炭素

（CO_2）が大量に発生してしまう。現代では海水を濾過膜に通して塩分を取ってしまう方法が取られている。この濾過膜では日本の**日東電工**、**東レ**、**東洋紡**の3社で世界シェアの5割弱を占める。この3社のほかには**三菱レイヨン**（非上場）、**旭化成**、**クラレ**、**ダイセル**なども濾過膜を製造している。

海水をこの濾過膜に通すためには、ポンプで海水に強い圧力をかけなくてはならない。また、海から海水を取水する際にもポンプが必要となる。ポンプメーカーとして有力なのが、**荏原（えばら）製作所**、**酉島（とりしま）製作所**など。荏原製作所はポンプ総合メーカーで国内最大手。酉島製作所は売上高全体では荏原製作所に及ばないものの、海水淡水化用ポンプを得意としており、この分野では世界シェア4割に達する。このほか**帝国電機製作所**、**電業社機械製作所**、**鶴見製作所**といった企業が、海水淡水化に使用されるポンプを製造している。

さらに注目はチタン関連企業だ。海水淡水化の機械を鉄で作るわけにはいかない。そんなことをすればあっという間に錆びてしまう。そこで錆びにくい金属としてチタンが使用される。チタンはプラチナ（白金）とほぼ同等の強い耐蝕性があり、海水にほとんど反応しない。また、金属疲労も起こりにくいので、プラント設備にはもってこいの金属だ。チタン関連企業としては、**大阪チタニウムテクノロジーズ**、**東邦チタニウム**、**神戸製鋼所**などが挙げられる。

先述したように新興国では、工業化の進展により川や湖の汚染が深刻だ。上下水処理機械の大手、**月島機械**は下水汚泥を乾燥させ、焼却する設備を作っている。また、下水汚泥を石炭代替燃料に転換する設備も生産し、リサイクルに貢献している。中国だけでなく、ほとんどの新興国が水質汚染に悩んでいる。これから月島機械の製品の売り上げは伸びていくだろう。

地方自治体も水ビジネスに注力

実は、民間企業だけが水ビジネスに関与しているのではない。日本の地方自治体も水ビジネスに積極的に関与している。日本の地方自治体の上下水道の管理・運用のレベルは極めて高いので、管理運用技術とノウハウを輸出しているのだ。

北九州市は１４８社（２０１６年４月１日現在）の民間企業と「海外水ビジネス推進協議会」を設立して、アジア地域での水道インフラの設計やコンサルタント事業を展開しているだけでなく、水道施設の建設や運営の受注獲得も目指している。

そのほか、**東京都**は都の第三セクターである東京水道サービスが出資して東京水道インターナショナルという事業会社を設立し、海外で水ビジネスを展開している。海外で水道事業を経営するだけでなく、人材育成やコンサルティングも行っている。

２０１４年10月には、東京水道サービスと東洋エンジニアリングが共同で会社を設立。ミャンマーの旧首都であるヤンゴンで漏水調査や水道管の取り替え・修繕などを行った。

北九州市や東京都以外では、**横浜市**、**川崎市**、**大阪市**、**神戸市**、**福岡市**が水ビジネスの海外展開に積極的だ。地方自治体の職員が、海外での水ビジネスに従事するというのは想像しにくいかもしれない。しかし、これからは地方公務員といえどもグローバルに活躍する場面が出てくる。

ちなみに、上下水道設備に使用される水道管を製造しているのは**クボタ**、**栗本鐵工所**、**日本鋳鉄管**の３社。この中ではクボタのシェアが一番高い。クボタは１９６０年に日本企業として初めて海外の水道工事（カンボジア）を受注し施工した。単に水道管を製造するだけでなく、水ビジネス全般に力を入れている企業だ。

（２）究極のエコエネルギー「水素ビジネス」

燃料電池車の普及に注目

世界の人口が増加すれば、世界のエネルギー消費量は飛躍的に増加していく。エネルギーの確保は重要な課題だ。石油、天然ガス、石炭といった化石燃料は無尽蔵にあるわけではない。また、化石燃料を使用するとCO_2や有害物質を排出して、地球温暖化や環境汚染を助長してしまう。エネルギーの確保と環境保全を両立させなければ地球が滅びてしまう。

そこで、注目されるのが水素。水素2に対して酸素1を結合させると水ができる。これは中学校の理科で習ったと思う。実は、水素と酸素が結合するときに電気が発生する。その電気を使ってお湯を沸かしたり、自動車を走らせたりする仕組みを燃料電池という。

自動車が走行すれば、CO_2や窒素酸化物などの有害物質を排出する。自動車メーカーの努力で、昔に比べればこれらの排出量は減っているが、ゼロにはできない。その点、燃料電池の排出物は水だから究極のエコシステムといえる。

燃料電池の基本原理は1801年にイギリスで考案されたので、決して新しい技術ではない。ちなみに1969年に月面着陸に成功したアポロ11号が搭載していたのは燃料電池だ。

環境に優しいことは間違いないのだが、コストが高いことから普及しなかった。ところが2014年12月、トヨタ自動車が「MIRAI」という燃料電池車を発売したことから、「水素」が俄然注目されるようになった。翌2015年は水素元年と言われたほどだ。実はトヨタ自動車は10年以上前にすでに燃料電池車の製造に成功している。しかし、外見が大衆車でも価格が一台1億円以上もするので市販することができなかった。

しかし、MIRAIの価格は723万円。環境対応車なので補助金をもらえるため、実際は約５００万円で購入できる。受注が生産を大幅に上回り、燃料電池車が世間に広く認知されることになった。

２０１６年3月にはホンダが、燃料電池車「ＣＬＡＲＩＴＹ　ＦＵＥＬ　ＣＥＬＬ」を発売した。２０１７年には日産自動車も発売する予定だ。各社が競争することによる技術進歩と量産効果で、車体価格は今後低下していくだろう。

燃料電池車の普及で大きな問題は、価格ではなく水素スタンドの数が圧倒的に少ないことだ。従来の自動車がガソリンスタンドを必要とするように、燃料電池車は水素スタンドを必要とする。

ところが、２０１６年4月時点で、水素スタンドは全国に69ヵ所しかない。燃料電池車を増やすには、水素スタンドをどんどん増やしていかなくてはならない。ここに、さまざまなビジネスチャンスがある。

水素スタンドと水素の輸入

これまで、日本の水素ビジネスをリードしてきたのは**岩谷産業**。同社はカセットコンロやそれに使用するガスボンベを作っていて、気体の扱いに習熟した会社だ。１９４１年から水素の販売をしているが、２０１５年度から水素スタンドの建設を本格化させた。

岩谷産業のライバルは**ＪＸエネルギー**（非上場）。同社は全国37ヵ所の水素スタンドで水素を供給している（２０１６年４月現在）。他の石油元売り会社は水素ビジネスに消極的であるにもかかわらず、同社は極めて積極的。将来的にエネルギーの転換が起きることを見越して手を打っている。

水素スタンドの建設費用はガソリンスタンドの５倍にあたる５億円。建設費用の高さも普及を阻害している。しかし、**大陽日酸**は低価格の移動式水素スタンドを開発した。２０２５年までに３００台生産することを目標にしている。移動式スタンドは通常のスタンドに比べると、水素供給できる自動車台数が少ないが、それでも燃料電池車の普及に大きく貢献する。

水素は体積が大きいので、タンクに詰め込むには高圧で圧縮しなければならない。しかし、水素は爆発しやすいので、圧縮するには高い技術力が必要だ。**加地テック**という会社は水素を圧縮する技術を持っていて、水素スタンドの基幹設備である燃料電池用高圧水素ガスコンプレッサを製造している。

タンクに詰めた後にはフタを閉める必要があるが、このフタがバルブだ。バルブが精巧にできていないと水素が漏れて爆発事故が起きてしまう。バルブは極めて重要だが、このバルブを生産しているのが**キッツ**。

水素スタンドもガソリンスタンドのようにスタンドからホースが出ていて、その先に金具があり、それを車の穴に差し込んで水素を入れる。このホースの先の金具を継ぎ手という。継ぎ手を製造するにはさまざまなノウハウが必要。継ぎ手の品質に問題があれば、爆発してしまう。この継ぎ手を製造している会社が**日東工器**。

水素の調達方法に関して高い技術を持つのは**川崎重工業**と**千代田化工建設**。

川崎重工業は石炭の中で最もグレードの低い「褐炭」をオーストラリアで蒸し焼きにして、水素を取り出して輸入する計画だ。オーストラリアで褐炭は無料なので、同社の方式では原料費が０円ということになる。水素は体積が大きいので、マイナス２５３℃で液化して水素運搬船で日本へ輸送する。

この水素専用の運搬船の開発も自社で進めている。水素運搬船の分野で技術を確立すれば、そこから新たなビジネスを展開することもできる。

千代田化工建設は中東や東南アジアの油田で発生するガスから水素を取り出して、トルエンと混ぜて液状にしてタンカーで日本に運ぶプランを持っている。この方式ならば超低温にする必要がないので、既存のタンカーを活用することができる。中東や東南アジアの油田で発生するガスも今のところ無料だ。

水素でお湯を沸かす

実はすでに家庭では燃料電池が普及している。エネファームという言葉を聞いたことがあるのではないだろうか。エネファームとは家庭用の燃料電池だ。

都市ガスを水素に変化させて、酸素と結合させることで、電気とお湯を作り出す。2009年に市販が開始され、2014年末には累計販売台数が11万台を超えた。当初は一台300万円と高額だったが、コストダウンによって現在の価格は150万円となり、普及が進んでいる。

エネファームのシステムを販売しているのは、**東京ガス**、**大阪ガス**といった全国の都市ガス会社。また、エネファームの機械を作っているのは東芝グループの**東芝燃料電池システム**（非上場）、**パナソニック**、**アイシン精機**、**JXエネルギー**（非上場）など。このうち、東芝燃料電池システムとパナソニックは欧州市場への進出を狙っている。

ここまで述べてきたように、水素ビジネスでは、今後さまざまな展開が予想されている。裾野が広く、先行きの長い、将来性のあるビジネスだ。水素ビジネスに関連する企業は、大きく成長する可能性が高いといえる。

(3) 原子力ビジネス、日本の常識は世界の非常識

原子力発電は成長産業

水素以外のエネルギー関連で注目は原子力発電だ。日本では「脱原発」の声が強く、原子力発電所がいいと言うと非難されることがあるだろう。これからは太陽光や風力発電の時代であり、原子力発電は時代遅れだと思っている人も多いのではないか。

しかし日本の常識は世界の非常識。世界的に見ると脱原発ではなく、原子力発電所はどんどん増えている。実は原子力発電は成長産業なのだ。

2016年1月1日現在で、世界中の原子力発電所は434ヵ所ある（日本原子力産業協会調べ）。これは前年よりも3ヵ所増加だ。現在建設中のものが74ヵ所、計画中が101ヵ所。日本では安全性への不安から反対運動が強いので、新規の原子力発電所の建設は困難だが、海外の原子力発電所の建設に携わることによって、日本の原子力関連企業が業績を伸ばしていくことは十分にありえる。

国ごとに見ると、米国には99ヵ所あって、建設中が5ヵ所、計画中が5ヵ所。米国は1979年にスリーマイル島で原発事故があって、それ以来原子力発電所の建設を停止していた

が、方針を転換して、いまは造っている。中国にはいま22ヵ所あるが、建設中が26ヵ所、計画中が30ヵ所。どう見ても原子力発電は成長ビジネスだ。

原子炉の設計・製造ができるのは世界で主に5つの企業グループしかない。そのうち日系は**東芝**、**日立製作所**・GE連合、**三菱重工業**・アレバ連合の3つ。それら以外では斗山重工業を中心にした韓国連合と、ロシアのロスアトムグループの2つ。日本は原子力発電分野で優位にあるといえる。

技術力の高い原発関連企業

ただ、原子力発電所はこうした大きな会社だけで建設できるものではない。大小さまざまな企業が関与している。その中でも**日本製鋼所**は、原子炉圧力容器や蒸気発生器などの原子炉用鉄鋼部材で世界シェアの約8割を占める。日本企業だけでなく、海外の主要な原発関連メーカーとも取り引きしている。

原子炉圧力容器とは、原子炉を覆う鉄の容器で、高熱と高圧に耐えられなければならない。日本製鋼所は、1907年に大砲などの兵器の製造会社として設立された会社。戦艦大和の大砲を作ったのも日本製鋼所であるし、今でも、自衛隊の戦車や艦船に搭載されている大砲を作っている。大砲というものは高温と高圧に耐えなくてはならないので、高温と高圧に耐えられる鉄の塊を作る技術が必要だ。同社はそうした技術を活かして原子炉圧力容器を造っている。

原子力発電所関連の工事を請け負っているのが**太平電業**。同社は茨城県東海村にある日本初の原子力発電所・東海発電所の建設に携わった。原子力発電所の耐震工事に実績があって、全国の原子力発電所工事の70％に関与してきた。発電所の工事請負会社では、そのほかに**東芝プラントシステム**、**東京エネシス**などがある。東芝プラントシステムは社名からわかるように東芝の子会社だが、東証1部に上場している。そのほか、**新日本空調**は原子力発電所の空調設備の工事を手掛けている。

原子力発電所では核燃料に汚染された水が生じる。その水を吸い上げるときに、周囲にこぼれてはたいへんだ。そこで、絶対に漏れない「無漏洩」ポンプが必要となる。それをつくっている会社が**帝国電機製作所**。同社は無漏洩ポンプの業界では圧倒的に強く、世界シェア40％、国内シェア60％を誇る。原発関連のポンプでは**宇野澤組鐵工所**という会社もある。

使用済み核燃料をいつまでも原子力発電所に置いておくわけにいかないので、それを容器に入れて保管場所に持って行く。この使用済み核燃料を入れておく鋼鉄製の容器をキャスクと呼ぶ。**日立造船**、**木村化工機**がキャスクを製造している。

港湾運輸大手の**宇徳**は、原発大型設備の輸送や据え付けに実績があるほか、核燃料輸送の技術を持っている。

日本は官民一体でインドに対して原子力発電所を売り込んでいるし、インド政府も前向きな対応をしている。また、三菱重工業と**伊藤忠商事**は、トルコの黒海沿岸都市シノップに原子力発電所を建設するための準備を進めている。今後は海外で日本企業が原子力発電所建設に関与するケースが増えていく。

東芝の業績が悪く、リストラが話題になっている。米国子会社で原子力発電所の建設や保守を手掛けるウェスチングハウス社の業績もよくない。しかし、これらは東芝の個社の問題であり、世界の原子力発電需要とは関係のない話だ。

また、もし仮に世界が脱原発に進むとしても、原子力関連企業の仕事がなくなることはない。原子力発電所を閉鎖することを廃炉と言うが、廃炉にするには、高い技術力と長い時間がかかる。以前は、廃炉にするのに20年ぐらいかかると言われていたが、福島の事故があっていろいろ調べてみると、50年ぐらいかかる原子力発電所もあるようだ。

廃炉にするには原子力関連の技術が必要だ。原子力関連の技術を持っているのは、原子力関連企業。もし、今、世界中で脱原発が決定されたとしても、今後数十年にわたって原子力関連のビジネスは続いていく。

太平電業は国内初の廃炉事業である東海発電所の廃炉に参加し、機器の取り外しなどを行った実績がある。さらに、**清水建設**は福島第一原発でコンクリート片などの撤去作業を請け負った。実際の廃炉事業の中で培ったノウハウは、世界中の廃炉事業で活かされる。

原発推進にしても、脱原発にしても原子力産業が成長業界であることはわかっていただけたと思う。

(4) 世界を食糧危機から救う「食糧ビジネス」

地味なイメージだが有望

先述したように世界人口はどんどん増加していく。まず心配になるのは食糧不足だ。日本のような豊かな国に住んでいると食糧がなくなって飢えることなど考えもしないが、世界的に見ると「食糧危機」は現実的な大問題だ。食糧危機の懸念があるならば、食糧をどんどんつくるしかない。そこで、必要になるのは農業機械、化学肥料、農薬、種、そして家畜に与える飼料だ。

これらを生産する企業は地味なイメージがあって、学生にも人気があるとはいえない。しかし、これからこうした企業群は間違いなく成長していくだろう。

農業機械メーカーはグローバル

農業機械の売上高第1位は**クボタ**。農業機械というと日本国内で農協や農家に向けて耕運機などを売っているイメージがあるが、実は農業機械メーカーはグローバル企業だ。特にクボタは売上高が1兆5869億円で、そのうちの65%は海外向けだ。販売先は北米、アジア、中国などに分散されている。しかも借金が少ない優良企業だ。

売上高第2位は**ヤンマー**(非上場)。ヤンマーは農業機械以外にボートや建設機械なども作っている。上場企業ではないが、Jリーグのセレッソ大阪のスポンサーになっていることもあり知名度は低くない。同社は無人農業機械の開発に成功している。どこの国でも経済が発展すると労働人口は都市に吸収されて、農村地区が人手不足になる傾向があるので、無人農業機械の技術は価値が高い。

売上高第3位は**井関農機**。田植え機、コンバインなど稲作関連の機械に強い。今後、世界で経済成長が期待されているのはアジア地域。アジアでは稲作が中心なので、井関農機には大きなビジネスチャンスがある。

海外展開に熱心な農薬メーカー

農薬というと、体に悪い、環境を汚染するといったイメージが強い。スーパーでは、無農薬野菜が普通の野菜より高く売られている。しかし、無農薬で野菜をつくるというのは、日本の農家の農業技術が高いからできることであって、発展途上国の農家には難しい。食糧を大量につくるために農薬は必要なのだ。きちんと使用法を守って環境に配慮しつつ使えば問題はない。

農薬の会社で一番大きいのは**住友化学**。総合化学メーカーだが、その一部門として農薬を製造している。全体の売上高は２兆３７６７億円。以前から、大分工場で農薬を製造していたが、２００２年に武田薬品工業から農薬部門を買い取った。農薬の成長性に注目して農薬分野を拡大したわけだ。

農薬専業メーカーの中で売上高第1位は**日本農薬**。同社は１９２８年に日本初の農薬専業メーカーとして創業した。海外展開に熱心で米国、英国、中国、ブラジル、インド、タイ、ベトナム、マレーシアなどに拠点を持つ。

そのほか、**日産化学工業**は米国の大手バイオ化学メーカー、モンサントが製造する除草剤「ラウンドアップ」の日本での販売権を持っているため、除草剤分野に強い。

農薬に関連して殺虫剤メーカーにも注目だ。殺虫剤も農薬も成分は同じだが、売り方、売り先が違う。殺虫剤は一般向けに販売され、農薬は農家向けに販売されるという違いがあるだけだ。今後、殺虫剤メーカーが農家に殺虫剤を、農薬として売ることもありえる。

殺虫剤というとドラッグストアの隅に置いてあって、何となく暗いイメージがあるが、今後殺虫剤メーカーも成長するだろう。

殺虫剤の売上高第1位は**アース製薬**。アース製薬は大塚製薬のグループ企業。大塚製薬はポカリスエットやカロリーメイトをつくっている超優良企業だが、その優良企業グループの一員なのだ。

第2位は**大日本除虫菊**（非上場）。社名を知らない人が多いと思うが、商標の金鳥と言えばすぐわかると思う。日本に住んでいて金鳥の蚊取り線香を知らない人はいないのではないか。上場していないが商品力のある優良企業だ。

第3位は**フマキラー**。第3位といっても、売上高はアース製薬の約5分の1と、だいぶ規模が小さい。しかし、海外展開が進んでいて、全売上高のうち46％は海外、世界80ヵ国でフマキラーの製品が販売されている。あまりにも海外展開がうまくいっているので、アース製薬がフマキラーの買収を試みたこともあった。フマキラーは業界1位の企業から意識される優良企業といえる。

化学肥料の歴史ある上場企業

化学肥料についても否定的なイメージを持つ人はいる。また、化学肥料を使わずに有機栽培でつくった作物のほうがおいしいと言う人もいる。食品スーパーでは、化学肥料を使用しない有機栽培でつくった野菜を、他の野菜よりも高値で販売している。

ただ、化学肥料を使わずに作物を安定的につくるというのは、日本の農家の農業技術が優れているからできるのであって、発展途上国の農家には不可能だ。世界の人口増加に対応して食糧を増産するために、化学肥料は重要だ。

化学肥料の大手2社は、**多木化学**、**片倉コープアグリ**。2社とも規模はそれほど大きくないが、歴史のある上場企業だ。ちなみに多木化学は1885年の創業で、131年も経っている。

高い世界シェアを誇る種苗会社

農業機械、農薬、化学肥料が優れていても、肝心の種の品質が低くては話にならない。日本には種をつくる優れた会社が多数ある。種の業界は大手2社、準大手2社、そのほか、と分類される。

大手の**サカタのタネ**は東証1部上場。同社は大ヒット商品のアンデスメロンを開発した。ブロッコリーは世界中で人気のある野菜だが、世界中の農家が使っている種の約6割をつくっている。トマトの種にも注力していて、日本国内の農家が使っている種の約4割をつくっている。農業の世界では非常に存在感のある会社だ。

同社は世界170ヵ国以上で種を販売している。ちなみに国連加盟国は193ヵ国（2015年5月現在）なので、ほとんどの国でサカタのタネの種が売られていることになる。全売上高567億円のうち53％が海外向けというグローバル企業で、世界25ヵ所に拠点がある。

もう一つの大手は1835年創業の**タキイ種苗**。同社は上場していない。売上高はサカタのタネとほぼ同程度だ。種、苗、球根、園芸資材など幅広く販売しているほか、農業専門学校を運営し人材育成にも注力している。

準大手の**カネコ種苗**は、東証2部に上場している。同社は種をつくるだけではなく、ビニールハウスや温室の設計をしたり、資材の販売をしたりしている。

もう一つの準大手は**雪印種苗**。同社は上場していないが、上場企業である雪印メグミルクのグループ企業。農協と提携して農場の運営も手掛けている。

ユニークな企業としては**朝日工業**。関東を地盤にした中堅電炉メーカーで、鉄鋼建設資材が主力事業だが、肥料や種の生産も行っている。近年、トマト栽培農家を悩ませている病気の一つが、「トマト黄化葉巻病」。ウイルスの感染によって発病し、畑全体に病気が拡大する恐れがある。同社が開発したトマトはトマト黄化葉巻病に強く、農家から人気がある。

独自の技術が光る飼料企業

食糧といえば、農産物だけでなく畜産物や水産物もある。家畜や養殖魚に与える飼料も重要だ。飼料も地味なイメージがあり世間で注目されることがないため、就職人気ランキングも低いが、今後注目すべき成長企業だ。

飼料の生産会社には大規模企業が3社ある。一つは**フィード・ワン**。フィードとは飼料・餌という意味だ。飼料の会社は商社と密接な関係があり、同社は三井物産の系列。養鶏用の飼料、養豚用の飼料、養殖魚用の飼料をつくっている。

また、養殖魚用の飼料をつくっていることで、マグロの養殖にも成功している。近畿大学がマグロの養殖に成功し盛んにPRしているが、同社も養殖することができる。今後、マグロを使ったビジネスもいろいろ展開できるだろう。

日本農産工業は上場していないが、三菱商事の系列。同社は飼料をつくるだけではなく卵もつくっている。テレビで「ヨード卵・光」のCMを見かけるが、あの「ヨード卵・光」をつくっているのが日本農産工業だ。豚肉ならば鹿児島県の黒豚、牛肉ならば三重県の松阪牛というようにブランド肉はいろいろあるが、ブランド卵はそれほど多くない。卵はスーパーで客引きの商材に使われることが多い。しかし、同社の栄養価の高いおいしいブランド卵は、高値で販売して利益を稼ぐものになっている。

中部飼料は、これまで独立系の飼料会社だったが、2015年7月に伊藤忠商事や伊藤忠飼料と業務資本提携を発表した。トラフグの雄の精巣は白子と呼ばれ高級食材として人気がある。一方、雌は卵巣に猛毒があるため人気がない。同社はトラフグの稚魚をすべて雄にする技術を持つ。

農産物輸出増加は成長戦略

日本で農業といえば、斜陽産業のイメージが強い。農林水産省が発表した「2015年農林業センサス」(2015年11月公表)によると、日本の農業就業人口は209万7000人と5年前に比べて50万9000人も減少した。平均年齢は66・4歳となり、65歳以上が全体の63・5%を占めている。一般企業ならば定年退職した後の人達が農業を担っているわけだ。

農業人口の減少と高齢化は進み、耕作放棄地が増加している。全国の耕作放棄地は42万3

０６４ha（２０１５年農林業センサス）で富山県の面積と同規模。農業が低迷している結果、カロリーベースの食料自給率は39％と低い（２０１４年度）。農業の衰退が続けば、今後さらに食料自給率が低下する。

また、ＴＰＰ（環太平洋パートナーシップ）協定により、海外から安い農産物が大量に入ってくれば日本の農家は大きな打撃を受ける。

日本の農業を発展させるには、従来のように国内に依存するのではなく、農産物の輸出を伸ばすしかない。政府は農産物の輸出増加を成長戦略の一つと位置付けて、農業振興に取り組んでいる。

ところで、ミシュランの三つ星レストランの数は、フランスよりも日本のほうが多いことをご存じだろうか。人口が違うので単純に比較することは難しいが、とにかく日本においしいレストランが多いことは間違いない。料理人の腕が良いことは当然だが、素材の素晴らしさを忘れるわけにはいかない。

日本の農産物のレベルは非常に高い。日本の果物は中国人の間で大人気で、すでに日本産を騙（かた）った偽物も出回っているとのこと。本来ならば、日本国内だけでなく、海外に輸出してどんどん利益をあげていてもおかしくない。

しかし、２０１４年の世界の農産物輸出額ランキング（ＵＮＣＴＡＤ：国連貿易開発会議）

を見ると、日本は47億2400万ドルで53位。1位は米国で1492億8300万ドル。米国が世界1位であるのは納得がいく。広大な国土に機械化された農業を展開し大量の農産物を輸出しているのだ。

ところが第2位は1020億3800万ドルでオランダだ。農業先進国であり、技術は高いが国土面積は日本の9分の1に過ぎない。日本と差がありすぎる。

そして、もっと驚くのが日本より上位に中東のアラブ首長国連邦(28位/132億6100万ドル)がいることだ。日本はきれいな水と温暖な天候に恵まれた国なのに、砂漠の国に負けている。日本の農業は、その潜在能力を活かすことができていない。政府の農業政策や個々の農家の取り組み次第では日本の農業は輸出額を伸ばすことができるはずだ。輸出額を伸ばすことで衰退産業から成長産業へと転換できる。

すでに、さまざまな企業が農業分野に進出しているが、今後はこうした動きが活発になると予想される。これまでは、**カゴメ**がトマトを、**イオン**がキャベツを栽培するように、自社の事業に関連する作物をつくることが多かった。しかし、最近では**JR東海**がトウモロコシ、**住友化学**がイチゴなど、本業とは関係ないケースも増えている。今後、農業分野からは目が離せない。

(5) 鉱物資源は都市にあり

現代の宝の山、都市鉱山

世界人口が増加すれば、水や食糧だけでなく、鉱物資源も足りなくなる。鉱物資源を短期間に、大量に掘り出すのは困難だ。また、行き過ぎた資源開発は資源の枯渇をもたらす。そこで、注目されるのが「都市鉱山」だ。

日本といえば、資源に乏しく輸入に依存しているイメージがある。「実は日本は資源大国なのだ」と言ったら驚く人が多いはず。日本の山を掘っても、大した資源は出てこないが、「都市鉱山」には豊富な資源が眠っている。

では、都市鉱山とは何だろうか。

家電製品やＩＴ製品の中には貴金属やレアメタル（希少金属）が含まれている。都市では、使用済みの家電製品やＩＴ製品がゴミとして廃棄されているが、このゴミの山は単なるゴミの山ではない。貴金属やレアメタルを含んだ価値のあるゴミの山なのだ。そこで、これを都市鉱山と呼ぶ。

国立研究開発法人である物質・材料研究機構の調査によると、日本の都市鉱山にある金の量は、約6800tと世界の埋蔵量4万2000tの16%に達する。これは世界最大の金産出地である南アフリカの埋蔵量を上回る。

同様に銀は6万tで22%、液晶に使用されるインジウムは16%、電子部品に使用される錫(すず)やタンタルはそれぞれ11%、10%となっている。

都市鉱山には普通の鉱山にはない3つのメリットがある。

第1に、探査の必要がない。実際に鉱物が埋まっている場所を探り当てるのは容易なことではない。あらゆる調査をして、最後に試掘してみたら何も出てこなかった、ということはいくらでもある。こうした場合、調査費用はすべて水の泡となる。資源探査はギャンブルのようなものだ。しかし、都市鉱山には確実に資源がある。

第2に、埋蔵量を予想するのが簡単。通常、鉱物資源は地中に埋まっているので、埋蔵量を予想するのが簡単ではない。埋蔵量が多いと思ったら、すぐに掘り尽くしてしまったということもありえる。都市鉱山ならば、ゴミの山の高さ、捨ててあるゴミの内容で埋蔵量を簡単に推測できる。

第3に、都市鉱山では効率的に貴金属やレアメタルを取り出すことが可能だ。実は鉱石から金属を取り出すのは効率が良いとはいえない。例えば、住友金属鉱山の菱刈鉱山から産出する金鉱石は金の含有率が非常に高いことで有名だ。しかし、それでも金鉱石1t当たりの金の含有量はたった40ｇしかない。これに対して、携帯電話１ｔに含まれる金の量は２５０ｇを超える。

ゴミをリサイクルすることで資源を得ることはすでに行われている。例えば、鉄くずは回収されて鉄鋼の材料になる。古新聞は再生紙に、瓶（びん）・缶は溶かされて再利用される。そして、今後は貴金属やレアメタルをゴミから回収することが増え、そこにビジネスチャンスがある。

貴金属に再び生命を与える

松田産業は電子部品のスクラップから金、銀、プラチナ、パラジウムを回収・製錬し、電子材料や地金に作り替えて販売している。スクラップから回収した貴金属で作った「ＭＡＴＳＵＤＡ」ブランドの地金は東京商品取引所、ロンドン金銀市場などで取り引きされている。公的な機関から品質の高さが証明されているわけだ。

また、タイ、フィリピン、マレーシア、シンガポールに拠点がある。ＡＳＥＡＮ（東南アジア諸国連合）の都市鉱山で調達したスクラップを電子部品や地金に変えて、それらをＡＳＥＡＮに販売するという循環ができている。

松田産業は自社のことを「産業界で役目を終えた貴金属に、創造的に再び生命を与える匠（たくみ）

集団」と言っているが、まさにその通りだ。

DOWAホールディングスは、もともと鉱山を所有して鉱物を製錬する事業からスタートし、都市鉱山ではなく、普通の鉱山を掘っていた。

現在は、グループ会社の**小坂製錬**(非上場)が廃棄された携帯電話やパソコンから貴金属やレアメタルを取り出している。年間で金6t、銀500t、銅1万tを取り出しており、特に銀は国内トップクラスの量を誇っている。

フルヤ金属はプラチナグループと呼ばれる工業用貴金属(白金、イリジウム、ルテニウム)を生産するメーカーだ。もちろん原料は都市鉱山から調達している。イリジウムやルテニウムの回収は非常に難しいが、同社の技術力がそれを可能にしている。同社はイリジウム製品で世界シェア1位だ。

アサヒホールディングスは、写真の現像工程で発生する廃液から銀を回収する事業で創業した。今では、半導体、電子部品、フラットパネルから貴金属やレアメタルの回収も行っている。また、歯科医院や歯科技工所から発生する廃棄物を回収し、金・銀・プラチナ・パラジウムなどを取り出している。

続いて都市鉱山ではなく、産業廃棄物から製品を作り出す**ダイセキ**を紹介しよう。同社は廃油、廃水、汚泥の処理とリサイクルを手掛けている。顧客の工場で発生した廃油を精製し、顧客へ返却するが、精製しきれない場合は廃油を引き取って燃料に作り替えている。この燃料は他社へ販売される。有害物質を含んだ廃水に薬剤を添加して無害化するとともに、銅やニッケルといった金属の回収もする。

また、汚泥を単純に焼却処分するのではなく、セメント原料や燃料に作り替えて、セメント会社へ販売している。同社は産業廃棄物の処理を請け負って利益を得るだけでなく、廃棄物から作り出したものを販売することでも利益を得ている。利益を得るルートが２つあることが同社の強みだ。

この節で紹介した企業は、ゴミの山や産業廃棄物を再利用可能なものと不可能なものに分ける。そして、従来は再利用せずに捨てていたものを再利用するので、資源の節約となる。一方、再利用不可能なものは適正に処分することからゴミの減少と環境の浄化にも貢献することになる。

世界の人口爆発に勝つ企業

〈水ビジネス〉	
（エンジニアリング）	
千代田化工建設	総合エンジニアリング会社で国内２位。LNG（液化天然ガス）プラントが主力。
日揮	総合エンジニアリング会社で国内１位。LNGプラントが主力。
東洋エンジニアリング	国内３番手の総合エンジニアリング会社。石油化学プラントが得意。
（濾過膜）	
日東電工	総合材料メーカー。ニッチ商品に強い。濾過膜で世界２位。
東レ	合成繊維の最大手。濾過膜で世界３位。炭素繊維は世界トップ。
東洋紡	濾過膜で世界４位。繊維メーカーだが非繊維の売上が７割超。
三菱レイヨン	三菱ケミカルホールディングスの子会社。化成品、樹脂、繊維、炭素繊維も手掛ける。
旭化成	化成品、繊維、住宅、建材、電子部材、ヘルスケアなど多角展開。
クラレ	化学メーカー。クラリーノの商標で知られる人工皮革の技術力に定評。
ダイセル	総合化学メーカー、タバコ用フィルター生産で有名。エアバッグ部品も強い。
（ポンプ）	
荏原製作所	国内ポンプメーカー最大手。水以外に環境関連ビジネスで実績がある。
酉島製作所	国内ポンプメーカー大手３社のうちの１つ。中東の海水淡水化プラント向けが強い。
帝国電機製作所	無漏洩ポンプ最大手。世界シェア4割、国内シェア6割と圧倒的な存在。
電業社機械製作所	ポンプ以外に送風機やバルブの製造も行う。
鶴見製作所	水中ポンプメーカーで、国内シェア35%。関空建設などビッグプロジェクトに関与。
（チタン）	
大阪チタニウムテクノロジーズ	高品質のチタン分野で世界ナンバーワン。
東邦チタニウム	チタン大手２社のうちの１社。JXホールディングスの子会社。
神戸製鋼所	国内鉄鋼３位。建設機械や発電事業も手掛ける。
（半導体・液晶向け超純水製造装置）	

栗田工業	水処理装置関連の総合メーカーで、国内首位。水処理用薬品も手掛ける。
オルガノ	水処理装置関連の総合メーカーで、国内2位。化学メーカー東ソーの系列。
野村マイクロ・サイエンス	半導体向けの超純水装置の大手。韓国、台湾向けに売上が多い。
(水道管、設備機器など)	
クボタ	農業機械の大手メーカーだが、水道管でも大手。排水処理装置も手掛けている。
月島機械	下水の汚泥処理装置トップメーカー。
積水化学工業	化学・住宅メーカーとして有名だが、樹脂製の水道管を製造。
(地方自治体)	
北九州市	「海外水ビジネス推進協議会」を設立し、アジア地域で水ビジネスを展開。
東京都	事業会社を設立し、海外で上下水道ビジネスを展開。
横浜市	市内の企業・団体等と横浜市が連携し、「横浜水ビジネス協議会」を設立。
川崎市	民間企業などと「かわさき水ビジネスネットワーク」を設立。
大阪市	水道局が民間企業と連携し、ベトナム・ホーチミン市の水道システム改善に取り組む。
神戸市	地元企業などと「水・インフラ事業の海外展開等に関する相互協力協定」締結。
福岡市	ミャンマー・ヤンゴン市の上下水道整備に協力。
〈水素ビジネス〉	
(燃料電池)	
岩谷産業	水素業界の老舗。1941年から水素を販売。
JXエネルギー	水素スタンドの最大手。石油会社だが水素ビジネスに注力。
大陽日酸	低コストで運営できる移動式水素スタンドを開発。
加地テック	水素スタンドの基幹設備である燃料電池用高圧水素ガスコンプレッサを製造。
キッツ	総合バルブメーカーで国内首位。水素タンクのバルブを製造。
日東工器	水素を車に注入するときに使用する継ぎ手を製造。
川崎重工業	総合重機械メーカー大手3社のうちの1社。水素運搬船や貯蔵タンクを開発中。
千代田化工建設	総合エンジニアリング国内2位。水素をトルエンと混ぜて日本に運ぶプランを持つ。

（エネファーム）	
東京ガス	都市ガス最大手。関東一円が主な営業地盤。海外ではガス田開発も行う。
大阪ガス	都市ガス第２位。京阪神地区が営業地盤。燃料電池用触媒など環境関連で高い技術力。
JXエネルギー	ENEOSブランドを掲げた「総合エネルギー企業」。石油、石炭、水素など幅広く展開。
東芝燃料電池システム	東芝グループでエネファームを製造。欧州市場への進出を狙う。
パナソニック	総合家電大手、エネファームの製造にも熱心。
アイシン精機	トヨタ系自動車部品メーカーだが、エネファーム製造も手掛ける。
〈原子力ビジネス〉	
（原子炉）	
東芝	原子炉メーカー。子会社に米国原子力大手のウェスチングハウスがある。
日立製作所	原子炉メーカー。米国GEと原子力分野で提携。
三菱重工業	原子炉メーカー。フランス原子力大手アレバと提携。
（そのほか）	
日本製鋼所	原子力圧力容器のトップメーカー。戦車や艦船の大砲も製造。
太平電業	原子力発電所関連の工事を請け負う。原子力発電所の耐震工事に実績。
東芝プラントシステム	東芝の子会社。プラント据え付け工事会社。
東京エネシス	原子力発電所の建設、メンテナンス工事を行う。火力・太陽光発電関連の工事も請け負う。
新日本空調	三井系。原子力発電所内の空調設備工事を手掛ける。
帝国電機製作所	無漏洩ポンプ最大手。世界シェア4割、国内シェア6割と圧倒的な存在。
宇野澤組鐵工所	工業用ポンプ、送風機の中堅メーカー。自社開発のドライ真空ポンプが収益源。
日立造船	使用済み核燃料の貯蔵に使用される鉄鋼製容器「キャスク」を製造。
木村化工機	使用済み核燃料の貯蔵に使用される鉄鋼製容器「キャスク」を製造。
宇徳	港湾運輸大手で原発大型設備の輸送や据え付けに実績。核燃料輸送の技術も持つ。
伊藤忠商事	大手総合商社だが、非財閥系。繊維、食品分野に強いほか、中国ビジネスを得意とする。
清水建設	福島原発の廃炉事業で撤去作業を請け負った。

〈食糧ビジネス〉	
（農業機械）	
クボタ	農業機械最大手。国際展開も進んでいる。財務体質も良好。
ヤンマー	非上場。農業機械で国内２位。無人農業機械の開発に取り組む。
井関農機	農業機械国内３位。稲作関連の機械が得意。
（農薬・殺虫剤）	
住友化学	総合化学メーカー国内2位。2002年に農薬分野を拡大。
日本農薬	農薬専業メーカーの中で国内トップ。
日産化学工業	1887年に化学肥料で創業。除草剤分野に強い。
アース製薬	殺虫剤メーカー国内トップ。大塚製薬グループに属する。
大日本除虫菊	非上場。「金鳥」ブランドで商品展開。国内殺虫剤２位。
フマキラー	国内殺虫剤3位。国際展開が進んでいる。家庭用消臭芳香剤のエステーと提携。
三井化学アグロ	非上場。三井化学傘下。農薬と殺虫剤の両方を製造・販売。
（肥料）	
多木化学	1885年創業の肥料メーカー。水処理薬剤などの化学薬品も生産。
片倉コープアグリ	果樹・園芸用肥料が得意。2015年10月片倉チッカリンとコープケミカルが経営統合。
日東エフシー	有機肥料と化学肥料の両方を製造・販売。無借金経営。
（種）	
サカタのタネ	種苗業界大手２社のうちの１社。ブロッコリーの種では世界シェア６割。
タキイ種苗	非上場。種苗業界大手２社のうちの１社。農業専門学校を運営。
カネコ種苗	種苗業界準大手２社のうちの１社。農業資材の販売も手掛ける。
雪印種苗	非上場。種苗業界準大手２社のうちの１社。雪印メグミルクのグループ企業。農場運営も。
朝日工業	鉄鋼建設資材が主力事業だが、肥料や種も生産。病気に強いトマト種は農家に人気がある。
（飼料）	
フィード・ワン	三井物産系。飼料生産だけでなくマグロ養殖も行っている。

日本農産工業	非上場。三菱商事系列。「ヨード卵・光」も生産。
中部飼料	伊藤忠商事と親密。トラフグの稚魚を雄にする技術を持つ。
（栽培）	
JR東海	愛知県、岐阜県などでトマト、トウモロコシなど。
JR東日本	茨城県で長ネギなど。
JR九州	熊本県、大分県でニラ、ミニトマトなど。
住友化学	長野県、大分県でイチゴ、トマトなど。
野村ホールディングス	北海道、千葉県でトマトなど。
ヤンマー	広島県でほうれん草、キャベツなど。
三井不動産	千葉県でレタス、ハーブなど。
富士通	福島県でレタスなど。
〈都市鉱山ビジネス〉	
松田産業	都市鉱山から金、銀、プラチナ、パラジウムを回収、電子材料や地金に作り替える。
小坂製錬	DOWAホールディングス傘下。廃棄されたパソコンから貴金属やレアメタルを取り出す。
フルヤ金属	都市鉱山から工業用貴金属（白金、イリジウム、ルテニウム）を回収。
アサヒホールディングス	歯科医院や歯科技工所の廃棄物から金・銀・プラチナ・パラジウムなどを回収。
ダイセキ	廃油、廃水、汚泥の処理とリサイクル。銅やニッケルの回収も手掛ける。

第二章　世界が驚くニッポンオリジナルの企業

（1）日本の当たり前ビジネス

先細り産業が海外で花開く

日本では当たり前のことが、世界では当たり前ではない。日本人が特にすごいと思っていなくても、海外の人から高く評価されることがある。

また、少子高齢化が進む日本では先細りと見られた産業が、人口拡大と経済成長の進む海外で再び花開くということもある。日本では当たり前すぎて成長が期待できないが、これから伸びていきそうなビジネスを紹介する。

アジアで成長する学習塾

まずは、学習塾。日本では子どもが塾に通うのは当たり前すぎる光景だ。これから画期的な教育法が開発されて塾業界にイノベーションが起きるとも思えない。

少子化の進行でマーケットは縮小する一方だ。大学数は増加しているので、全国の私立大学の半分は定員割れになっている。大学名にこだわらなければ、どこかに入学できる「大学全入時代」が到来し、塾の重要性は低下しつつある。

このままでは、国内で過当競争が起きて倒産するケースも出てくるだろう。

２０１４年８月、大手予備校の代々木ゼミナールが20校舎の閉鎖と４００人規模の早期希望退職を発表した。倒産ではないが、塾業界の将来を象徴するような出来事だった。

しかし、海外に目を転じると状況は大きく変わってくる。特にＡＳＥＡＮ地域はもともと教育に熱心で、子どもにおカネをかける傾向がある。

今後、経済発展に伴ってＡＳＥＡＮ地域の給与水準が上がれば、子どもの教育に費やすおカネが増えていくだろう。ＡＳＥＡＮ地域は総人口に占める子どもの比率が高いので、塾にとっては絶好のマーケットだ。

日本の塾の海外進出で草分け的な存在は**公文教育研究会**（非上場）。「公文」または「ＫＵＭＯＮ」と呼ばれ、国内では知名度が高い。

１９７４年にニューヨークで教室をオープン。その後、米国内の学校で公文式教育が採用されたのをきっかけに全米に普及した。２０１５年３月末では、海外48の国と地域に８４００教室、学習者数は２７４万人もいる（日本国内は１万６４００教室で、学習者数は１５２万人）。

ZEホールディングス（非上場）は子会社に学習塾の「栄光ゼミナール」や英会話の「シエーン英会話」などを展開しているが、「栄光ゼミナール」はベトナムに子会社を持っている。同子会社ではベトナム人対象の学習塾や在ベトナム日本人子弟を対象にした学習塾を展開している。

教育先進国である日本の塾のシステムは、海外で高く評価されている。海外では優秀な日本人が学んでいるのと同じシステムで、子どもに勉強させたいという親が多い。

また、日本企業のグローバル展開が進み、日本人ビジネスマンの海外赴任が増加すれば子弟の教育が大きな問題となる。同社は現地のベトナム人のニーズだけでなく、日本人駐在員のニーズにも応えている。

さらに、ベトナムでは日本語を学びたい人が多いため、栄光ゼミナールは現地人向けの日本語学校も展開している。

通信教育最大手の**ベネッセホールディングス**は中国、台湾、韓国で幼児向け通信教育を行っている。

日本で人気のキャラクター「しまじろう」は海外でも人気がある。この「しまじろう」を活用した幼児通信教育講座「こどもちゃれんじ」はアジアでも大人気だ。ただ単に学力をつけるのではなく、生活習慣や礼儀も学べるため親からの評価が高い。

日本国内の「こどもちゃれんじ」会員数が77万人であるのに対して、中国、台湾、韓国の合計会員数は115万人。中国だけでも83万人と日本を上回っている（2015年10月時点)。同社は2018年までに中国での会員数を150万人に増やす計画だ。

また、インドネシアでは、通信教育ではなく幼児教育の教室を展開している。そのほか、海外に住む日本人向けに小・中・高校生対象の進研ゼミとこどもちゃれんじを販売。世界約100ヵ国で、1万5000人が受講している。日本国内の受講生と同じ時期に同じ内容のものを受講できるので、日本国内の日本人に勉強が遅れずにすむ。ZEホールディングスと同様に海外駐在員の子弟の教育に貢献している。

地元宅配業者をサービス力で圧倒

日本ならば宅配便がゴルフ・スキー用品から生鮮品まで何でも運んでくれるし、配送時間を細かく設定できるのも当たり前。

国内宅配便トップの**ヤマトホールディングス**は2010年1月に上海とシンガポールで、2011年2月には香港、9月にマレーシアで宅配便事業をスタートさせた。

経済産業省の調査では、上海市内だけでも地元宅配業者が200社以上もあり、日系企業の半値以下の料金で請け負っている。しかし、現地業者のサービス水準は高いとはいえない。

例えば、マンションやオフィスビルに配送する場合、各部屋までは配送せず建物の前まで来て、そこから電話をしてお客さんに取りに来てもらうというシステムが多い。

日系宅配業者は国内と同様にお客さんの部屋まで届けるのはもちろん、時間設定サービスも提供している。こうしたサービスは日本では当たり前でも、中国では新しいサービスだ。

欧米系の物流業者は現地企業に集配を委託しているが、ヤマトはサービスの維持向上のため、独自に配送ドライバーを採用し教育している。教育のために、日本の優秀なドライバーをトレーナーとして送り込んで、接客サービスの重要性を叩き込んでいる。

こうした努力によって、今後、欧米系業者に大きな差をつけることができるだろう。

国内宅配便2位の**SGホールディングス（佐川急便）**（非上場）もアジア展開に熱心だ。中国、韓国、東南アジアはもちろん、インドやスリランカにも拠点を持つ。日本国内でヤマトと佐川が切磋琢磨しながら事業拡大したように、アジアでも日本の宅配事業が成長していくに違いない。

世界で成長する回転寿司機器

寿司は世界で人気のある食べ物で、多くの外国人観光客が回転寿司店へ足を運ぶ。日本の普通のお寿司屋さんには入りにくくても、回転寿司なら気軽に入店できる。寿司がベルトコンベアに載って廻る様子は外国人観光客に人気だ。

回転寿司店には欠かせないベルトコンベアシステムのトップメーカーは**石野製作所**（非上場）で、国内シェアが60％を超えている。売上高は約30億円、従業員100人程度の中小企業だが、業界内での存在感は大きい。

また、回転寿司には寿司を握るロボットが必要だ。寿司職人を養成するのは時間がかかるし、人件費は大きな負担なので、寿司ロボットの存在は欠かせない。

この寿司ロボットで国内トップメーカーは**鈴茂器工**。国内シェアは約70％。アジアを中心に引き合いが多く、全売上高のうち23％は海外向け。

今後、日本の回転寿司チェーンは海外進出を進める。国内は少子高齢化が進むので、海外進出しなくてはジリ貧になってしまう。海外で回転寿司が増加すればするほどベルトコンベアシステムや寿司ロボット企業は売上高が伸びていくことになる。

（2）グローバルニッチトップに注目せよ

経済産業省お墨付きの優良企業

ニッチな分野であったとしても、そこで圧倒的なシェアを占めていれば、トップの地位は簡単には揺らがない。扱い品目はニッチであっても、高い技術力が世界で評価されて、活動はグローバルということは珍しくない。

経済産業省は2014年3月、ニッチ分野において高いシェアを確保し、良好な経営を実践している企業を「グローバルニッチトップ企業100選」として選定した。加えて、100選に準じる企業7社を「ネクストGNT」に選出した。言ってみれば、経済産業省のお墨付きの優良企業107社ということになる。100社の内訳は大企業6社、中堅企業25社、小規模企業69社で大企業は多くない。本社所在地は北海道から九州まで全国に分散しているので、U・Iターン就職するのに適した企業が選出されているともいえる。

日本政府は「日本再興戦略(2013年6月に閣議決定)」に基づいて、107社を支援していく方針だ。それでは、107社の中から、14社を紹介しよう。

電子顕微鏡で世界シェア7割

最初に紹介する**日本電子**は、東京都昭島(あきしま)市に本社のある電気機器メーカー。原子レベルで物体の情報を観察できる電子顕微鏡を製造しており、世界シェアは7割。日本電子が製造する電子顕微鏡は、半導体関連の開発や医学分野における微生物観察では必需品だ。

日本電子にもしものことがあれば、世界中の研究開発は滞ってしまうことになる。同社は終戦直後から、「今後の日本にとっては科学技術が重要である」という創業者の理念のもと、電子顕微鏡の開発を始め、量産型電子顕微鏡を世界で初めて開発した。企業理念と実際の会社運営が一致している企業は強いものだ。

大阪市鶴見区にある**大東プレス工業**（非上場）は、トラックやバス、建設機械のバックミラーの設計・製作を手掛けている。日本全国の路線バスのバックミラーの90％は同社の製品だ。

同社はその優れた技術力から高いシェアを確保している。例えば、バックミラー「シャドーコートミラー」は割れても飛び散らない。石などが飛んできても、ヒビが入るだけなので、見にくくはなるが後ろの様子を把握することはできる。また、破片が飛び散らないので安全だ。

そのほか、「レイニーミラー」といって、雨の日でもよく見えるミラーもある。通常は、ミラーが曇らないようスプレーをするが、ミラーの構造そのものが水に強い。水を弾くと水玉ができてしまってミラーが見にくくなるが、このレイニーミラーでは、逆に水がミラーに馴染むので見にくくならない。

また、同社が作っているミラーは非常に軽いのが特徴。燃費や速度を意識して部品の軽量化を図る自動車メーカーには喜ばれるミラーだ。同社のミラーは簡単に分解できるという特徴もある。ミラーの一部分が壊れた場合は、分解して壊れたところだけを取り換えればいいし、廃棄するときも手間がかからない。

さらに、少量多品種の生産体制が出来上がっている。バス会社から「2個作ってくれ」と言われたら作る。「100個まとまらないと作りません」という商売はしていない。少量であっても要望に応えて作るという、フットワークの軽い仕事をしている。

カニカマから化学工業品まで

山口県宇部市に本社のある**ヤナギヤ**（非上場）は、カニカマを製造する装置を作っている。カニカマとは、ご存じの通り見た目は蟹だが中身はかまぼこという人気食品。実は、このカニカマは日本国内だけでなく、世界的なヒット商品なのだ。同社は昭和初期には、かまぼこ屋だったが、その後かまぼこ製造装置を製作するようになり、1979年にカニカマの自動生産設備を開発した。カニカマを作る食品メーカーと連携しながら改良を重ね、今ではリアルな蟹の食感を実現させることに成功している。

現在、世界21ヵ国でカニカマが生産されているが、そのうち19ヵ国に同社の機械が導入されている。カニカマの世界生産量は約45万tとされているが、そのうちの7割は同社の製造装置によって作られている。

竹輪、はんぺん、魚肉ソーセージといった水産練り物製造機械はもちろん、豆腐製造機械、海苔、和菓子の製造機械も生産している。さらに、練り物を作る技術を発展させて洗浄剤や塗料などの化学工業品や薬品、飼料を製造する機械も作っている。

北海道千歳市に本社を置く自動車部品会社**ダイナックス**（非上場）。オートマチック変速機の部品を製造している。同社の製品を搭載したトヨタ・セルシオが、米国フォードの目にとまったことが契機となり、海外との取引が拡大した。現在では、米国・中国・メキシコ・タイに製造拠点を開設し、同社製のオートマチック変速機部品の世界市場シェアは４割を超えている。

同社では品質へのこだわりから、オートマチック変速機部品の製造装置を内製化している。メーカーや車種によって求められる性能が異なることから、プロジェクトごとに担当者を決めて、自動車メーカーと細かく打ち合わせしながら製品開発・製造を進める。所謂（いわゆる）、摺り合わせによる生産活動を行っているのだ。自動車メーカーとの関係が密接なので、他の自動車部品メーカーがダイナックスと自動車メーカーの間に割って入ることは容易ではない。

機械メーカー兼食品メーカー

群馬県に本社のある**冨士製作所**（非上場）は、インスタント麺の製造機械メーカーだ。

同社のインスタント麺プラントでは、麺の材料である小麦粉と水を練るところから、麺をカップに入れてシールを装着するまでの作業を、一気通貫で行うことができる。しかも、地域の気候・風土などに合わせて設計仕様を変え、オーダーメードで機械や製造プラントを供給している。

さらに機械の製造に加えて、据え付け、メンテナンス、改造、修理も手掛けている。機械を販売して終わりではないのだ。

同社の強みは機械を製造するだけでなく、機械を使用した麺の試作・提案も行っていること。社内にインスタント麺の開発部署があるのだ。

最近は、生麺のような食感のインスタント麺が出回っているが、この麺を開発したのは同社。機械メーカーでありながら、食品メーカーでもあるというユニークな企業だ。

国内のほとんどのインスタント麺メーカーを顧客にしているだけでなく、１９７０年から海外販売を開始し、現在では世界シェア４割に至っている。近年では、特に中国や東南アジアへの販売が拡大している。

新興国の経済発展は著しく、労働者は多忙だ。一人でいくつかの仕事を掛け持ちしていることも多いので、食事をゆっくり作って食べている余裕はない。今後、世界的にインスタント麺の需要は高まる一方だ。こうした動きに乗って同社の業績も伸びていくだろう。

錆びないネジ

埼玉県に本社のある**ワイピーシステム**（非上場）は、二酸化炭素消火具を製造・販売している。

通常、消火活動では水や消火剤を使用するが、二酸化炭素消火具の場合は二酸化炭素を使用する。そのため、火元の周辺が濡れたり、汚れたりすることがない。また、二酸化炭素は電気を通さないため、自動車のエンジン周辺火災や電気系統火災の消火に有効だ。

同社が生産・販売しているのは車両用緊急脱出機能付きの二酸化炭素消火具「消棒ＲＥＳＣＵＥ」。消棒ＲＥＳＣＵＥは全長20㎝弱と大きくないが、消火機能に加えて、シートベルトカット、ガラス粉砕機能も備えている。

二酸化炭素による消火、シートベルトカット、ガラス粉砕の３機能を持つ製品は、世界中で消棒ＲＥＳＣＵＥだけ。

交通事故で車外に脱出するときにシートベルトが邪魔になることがあるが、消棒ＲＥＳＣＵＥがあればシートベルトを簡単に切断することができる。また、車外への脱出のためにガラスを割ることもできる。こうした利点に注目し、国内外の自動車メーカーが車載用品として採用している。

さらに同社は、自動車向けだけでなく、工場・オフィス・家庭向けの二酸化炭素消火具も製造・販売している。

竹中製作所（非上場）は1935年創業。1942年に海軍監督官指定工場となり艦艇用のボルトやネジの製造を請け負った。現在、日本国内の原子力発電所で使用されている精密ボルトはほぼ100％が同社のものであり、技術力の高さを示している。

同社の看板製品はフッ素樹脂で表面加工された錆びにくいネジ「タケコート」。従来、金属を錆から守るためには亜鉛でメッキするのが主流だった。しかし、同社は京都大学と提携して、亜鉛ではなくフッ素樹脂でコーティングして錆びないネジを開発した。耐蝕性が求められる環境下で使用されるネジの中での世界シェアは7割にも達する。

開発当初は国内企業から相手にされなかったが、1980年、エクソンのマレーシア沖石油掘削工事に採用されたことをきっかけに、国内外で多く使用されるようになった。ちなみに、東京湾アクアラインや明石海峡大橋に使われているネジもタケコートだ。

タケコートは1996年にアラブ首長国連邦の国営石油会社より特命採用承認を受けるなど、中東諸国からの信頼が厚い。2013年には石油掘削関連の顧客の多い中東を強化するために、アラブ首長国連邦に同社初の海外営業所を設立。現在は工場建設の準備を進めている。

これまでは日本で生産し中東へ輸出していたので納品まで時間がかかっていたが、工場ができれば納期が短くなり競争力が増す。

世界中の水族館へ納入

滋賀県に本社のある**オプテックス**は屋外用の侵入検知センサーを製造しており、世界シェアは4割。あまり目立たないが、東証1部上場企業だ。

従来、防犯システムでは建物内に何者かが侵入した後に検知する「事後通報」が主流だった。しかし、侵入されないのに越したことはない。そこで、同社は建物への侵入前に検知し、犯罪を未然に防ぐ「事前抑止」を目指した。

屋外では、屋内に比べて自然環境の変化による誤作動が多く、確実に侵入者を検知することが困難だった。しかし、1996年に技術開発に成功してからは誤作動の少ない防犯センサーを市場に送り出している。

同社は自動ドアの開閉を制御するセンサーや、工場の生産ラインを管理するFA用センサーも生産している。各製品とも海外向けが伸びていて、今後の成長が期待できる。2015年12月期の最終利益は過去最高だった。

香川県に本社のある**日プラ**（非上場）は、水族館の水槽用アクリルパネルの製造、水槽の設計、据え付け工事などを手掛けている。

水槽用アクリルパネルの世界シェアは7割で、世界60ヵ国に納入実績がある。沖縄県にある「沖縄美ら海(ちゅうみ)水族館」のアクリルパネル（高さ8・2m、幅22・5m、厚さ60㎝）を納入したのは同社。同水族館がオープンした2002年当時は、このアクリルパネルが世界最大だった。

また、中国・広東省の水族館、「珠海長隆海洋王国」（2014年オープン）に設置されているさらに巨大なアクリルパネル（高さ8・3m、幅39・6m、厚さ65㎝）も同社が納入した。現在はこちらが世界最大。

同社は水槽製作で培ったアクリル板接着技術を応用して映像スクリーンも製造している。

52年連続黒字の優良企業

フロイント産業はジャスダック上場企業で、52年連続黒字の医薬品製造機械・添加剤メーカー。錠剤の原料の粉を粒に固めたり、錠剤の表面をコーティングしたりする機械を製造しており、この分野では国内市場7割、世界市場では2割のシェアを持つ。
2013年には錠剤にインクジェット式で文字を印刷する錠剤印刷装置「タブレックス」を世界で初めて発売した。この装置を使用すれば錠剤に有効成分名などを直接印刷できる。

錠剤に情報が印刷されていれば、錠剤の識別が容易になり、調剤時のミスや誤飲を減らすことができる。今後、さらに機械を改良する必要があるが、誤飲事故が多発していることを考えるとタブレックスの需要は拡大していくだろう。

また、同社は錠剤の原薬を包む医療添加剤も製造している。添加剤に薬効はないが、原薬だけでは苦みや臭気で服用できないことがあるので、添加剤も非常に重要だ。

機械は頻繁に売れるものではないが、添加剤は安定的に売れるのでフロイント産業の業績は安定している。

同社はお菓子やパンなどに入っている小袋入りの食品品質保持剤も作っている。医薬品製造機械や添加剤を製造している同社に馴染みのある人は少ないだろうが、実は身近なところで同社の製品を目にしているのだ。

マスダック（非上場）は、和洋菓子製造機器の専門メーカー。中でも１９５９年に開発された同社の全自動どら焼機は、国内で圧倒的なシェアを占めている。同社のどら焼機は一時間あたり最大６０００個のどら焼きを作る能力がある。同社では「匠の味を再現」を目標にして、出来上がったお菓子の味にこだわりながら機械の開発に取り組んでいる。

実は、同社は機械メーカーだが、お菓子メーカーでもある。「東京ばな奈」と言えば、東京みやげとして人気があるが、それを販売しているのがグレープストーン。マスダックはグレープストーンに「東京ばな奈」をＯＥＭ供給しているのだ。

機械の製造だけをしているのではなくて、実際にお菓子を作っているので、さまざまな課題やその解決策を見出し、それを機械製造に活かすことができる。また、機械を購入した顧客にお菓子作りのアドバイスをすることもできる。

２００2年（フランス）、２００3年（ドイツ）で開催された国際的な製パン製菓機械展に出展したことで、同社のどら焼機が「サンドイッチパンケーキマシーン」との名称で認知され、欧州、ロシア、中東、米国、アフリカで販売されている。これらの地域では、あんこの代わりにチョコレートクリームが入ったどら焼きが人気商品だ。もちろん同社のどら焼機が使用されている。海外での同社のどら焼機のシェアは１００％だ。

漁師のワザを忠実に再現

北海道・函館に本社を置く**東和電機製作所**（非上場）は、漁船で使用される全自動イカ釣り機を製造しており、世界シェアは7割。従来のイカ釣り漁業では、夜中に漁船の上で漁り火を焚き、集まってくるイカを大勢の熟練の漁師が釣り上げていた。人件費がかかるだけでなく、漁師が技術を身につけるのに時間がかかったのは言うまでもない。

全自動イカ釣り機は熟練漁師のワザを忠実に再現する。しかも船上に設置された最大64台のイカ釣り機をブリッジにいる船頭一人でコントロールできる。国内の漁師の数は激減しているが、このイカ釣り機のおかげで、たった一人でも漁ができるようになったし、一隻あたりの漁獲量が飛躍的に増えた。

　また、青森県大間町のマグロの一本釣りがよく話題になるが、大間で使用されているマグロの一本釣り機の９割が同社製だ。

　現在同社が開発に注力しているのが、イカ釣り漁船用のＬＥＤ漁灯だ。イカを集めるには漁灯が必要だが、燃料代がバカにならない。最近は原油価格が低いが、何らかの理由で上昇すれば漁師の負担が一気に重くなってしまう。

　すでにサンマ漁用のＬＥＤ漁灯の開発に成功し、導入する漁船が増えている。近いうちにイカ釣り用のＬＥＤ漁灯も実用化するだろう。

　医療機械メーカーの**ミズホ**（非上場）が製造・販売する脳動脈瘤クリップは国内シェア７割、世界シェア４割を誇る。脳動脈瘤ができてしまった場合、破裂を防ぐためにクリップで動脈瘤の根元の部分を閉塞して、脳動脈瘤に血が通わない状態にしなければならない。同社のクリップは、チタンなど人体が拒否反応を起こしにくい金属を使用しているので、長期間体内に留置しておくことができる。全部で１２３種類もの形状があるので、患者のあらゆる症状に対応できる。

また、クリップをするときにほかの血管や神経も挟んでしまうと患者に大きなダメージを与えてしまうが、同社のクリップは血管や神経を傷つけにくい。

同社の脳動脈瘤クリップは、世界中の脳動脈瘤手術に貢献しており、約50ヵ国に年間約10万個が出荷されている。

同社は1919年に医療機器の卸で創業したが、1939年から製造を手掛けるようになった。クリップ以外には手術台やその関連機器、人工骨なども製造している。

建設現場の人手不足を救う

東京鐵鋼は主に建築用の鉄筋を製造している。独自に開発したネジ節鉄筋「ネジテツコン」は、表面にネジ状の節のある高強度の鉄筋であり、世界シェアは5割。

通常の建設現場では、ガスで加熱して鉄筋を接合している。熟練技術者が大がかりな機械を使って、手間と時間をかけている。また、加熱作業であるため、雨や強風の日には作業できない。

しかし、「ネジテツコン」はネジ締め式なので簡単に接合できる。熟練した作業員も大がかりな機械も必要ない。「継ぎ手」と呼ばれる簡素な道具を使うだけだ。「ネジテツコン」のお陰で作業が少人数、短時間で終了する。

今後、東京五輪や都市再開発などで建設需要は高まる一方だが、人員不足が深刻な問題となっている。少人数で作業でき、工期短縮に貢献する「ネジテツコン」は、これからますます必要とされることだろう。

同社は全国販売体制確立のため、同業他社に「ネジテツコン」の生産委託を進めているので、供給に心配はない。

日本には、小さくても世界で戦える企業がたくさんある。経済産業省のＨＰには「グローバルニッチトップ企業１００選」が紹介されているので、是非一度見ていただきたい。

（３）老舗企業の凄みを知れ

ベンチャーが開放的とは限らない

最近はベンチャー企業の人気が高く、ベンチャー企業に志望を絞る学生もいるほどだ。しかし、ベンチャー企業の対極にある老舗（しにせ）企業の実力と凄みを忘れてはならない。これから紹介するのは創業から１００年以上経った企業だ。

１００年以上ということは、関東大震災、昭和大恐慌、第二次世界大戦、戦後の混乱、石油ショック、バブル崩壊、リーマンショック、東日本大震災など、ありとあらゆる困難を乗り越えてきたことになる。
老舗企業というと、どんなイメージを持っているだろうか。古臭くて、閉鎖的と思うのではないだろうか。しかし、そんなことはない。創業が古くても上場していれば、業績や財務内容がガラス張りだ。ベンチャー企業でも非上場の場合は、オーナー社長が会社の情報を独占して、社員が会社の状況を把握できないことがある。ベンチャー企業が開放的とは限らない。それではまず、老舗企業の中から上場企業を選んで紹介する。

創業は戦国時代

まずは東証1部上場の**松井建設**。日本には上場企業が約3600社あるが、その中で一番古い会社だ。創業は天正14年。「大正」ではなく、「天正」。戦国時代末期の1586年だ。同社の有価証券報告書の沿革欄は「当社は、現会長16代の祖、角右衛門が天正14年前田利長公の命を受け、越中守山城の普請に従事し、……」という文章で始まる。何と創業430年だ。前田利長とは、加賀藩の始祖である利家の長男。利家は豊臣秀吉の盟友として有名だ。
古い建設会社なので寺社建設に強いのは当然だが、それだけではない。同社は関東大震災（1923年）の後に東京へ進出し住宅建築を手掛けるようになった。その後、第二次世界大戦後に連合国軍の家族宿舎を受注したのをきっかけに大きく成長。過去の代表的な施工例として、小田原城や金沢城の再建工事のほか、東京都庁第一本庁舎などが挙げられる。また、最近では福岡県と富山県でソーラー発電所を建設した。戦国時代に創業の企業だが、時代の変化に対応しつつ今日まで成長してきた。

小津産業の創業は承応2年（1653年）。小津清左衛門長弘が、江戸日本橋で紙問屋を開いたのが始まり。現在も本社は同じ場所にある。

現在は、不織布が事業の中心。不織布とは、布なのだが、紙を作るのと似た方法で製造される。不織布の特徴は以下の2つ。

①脱落繊維が少ない（ティッシュペーパーのように、モノを拭いたときにくずが残らない）。②吸水性が高い。

半導体製造装置は細かなホコリやチリを嫌うので、半導体製造装置を拭くときに使用されるのが不織布だ。メディカル分野では、ガーゼやマスクはもちろん、検査用の衣料に採用されている。そのほか、吸水性が高いことから化粧用コットンや顔のパックに使用するフェイスマスクも不織布でできている。

２０１２年には、東大と共同で放射性セシウムを除染する布を開発した。江戸時代初期に創業の老舗企業だが、ハイテク、医療、コスメ、原子力に対応した製品を取り扱っている。

伝統で培われたネットワーク

東証1部上場の**ユアサ商事**は工作機械等の専門商社。江戸時代初期の寛文6年（1666年）に湯淺庄九郎が京都で創業した木炭商が会社の起源だ。当初は京都の鍛冶屋(かじ)に伏見の木炭を販売していたが、鍛冶屋との関係が深まるにつれて、炭よりも鍛冶屋が製造する小刀、剃刀(かみそり)、包丁などを扱うことが多くなった。

戦国時代が終わり、鍛冶屋の仕事の中心が刀などの武器から、小刀、剃刀、包丁などにシフトしたのをビジネスチャンスと捉えたためだ。そして創業5年にして木炭の取り扱いをやめ、刃物の専門商となって「小刀屋」を名乗るようになった。

その後、当時の一大消費地江戸に進出し自ら行商を行うなど苦労を重ねた結果、1674年、日本橋に店を出すことができた。

時代は下って明治時代に入ると新たなビジネスチャンスを求めて、1872年に刃物とは別に鉄製品を販売する東京鉄店を開店。東京鉄店はその後急成長し、「東京の金物御三家」のひとつと言われるまでになった。

現在では、工作機械や切削工具をはじめ、空調・管材、住設機器など幅広い分野の製品を取り扱っている。特に工作機械の取扱高は国内首位。最近ではメガソーラーから一般家庭までを対象に太陽光発電ビジネスも手掛けている。

同社の強みは、長い伝統で培われた他社とのネットワーク。優良メーカーを中心とした仕入れ先が約６０００社あり、そのうちの５００社が「炭協会」という団体を作ってユアサ商事と密接な関係を築いている。また、販売先は国内外に2万社あるが、そのうちの３０００社が「やまずみ会」という団体を作ってユアサ商事を支えている。優れた供給元と販売先を仲介するのがユアサ商事のビジネスだ。

江戸初期に木炭商から始まったが、時代の変化に対応しながら今日に至る。

バックミラーで世界へ

静岡県の**村上開明堂**は東証2部上場企業で、１８８2年の創業。社名だけでは何をしている企業かわかりにくい。カステラの販売か、村上春樹のエッセイ集の題名のようだが、実は同社は自動車用バックミラーの国内最大手。国内シェアは4割。輸出や海外生産も多く、売上高の半分近くは海外向けというグローバル企業だ。

同社はかざり金具やブリキ細工の製造で創業したが、その後、静岡特産の鏡台に取りつける鏡を製造するようになった。

鏡の生産開始が、同社の運命を大きく変える。１９５０年代に、現在取締役相談役の村上英二氏が、鏡材料の仕入れ先である旭硝子の名古屋支店を訪ねたときに、トヨタ自動車の社員と知り合い、バックミラーの製造を依頼されたのだ。

鏡台用と比べて小さな鏡を月３００枚。当時はトヨタ自動車が今のような有名企業でなかったため、村上氏は「トヨタって会社は大丈夫なのか？」と知り合いに確かめたとのこと。また、小さな鏡を作るのは面倒くさいと言う社員もいた。しかし、モータリゼーションの波に乗って、商売は見る見るうちに拡大。バックミラーは同社の主力事業に育った。

これまで、単にトヨタからの受注をこなしてきたのではない。ミラーを曇らないようにしたり、後続車両のヘッドライトのまぶしさを自動的に調光したり、といった技術開発を進めてきた。

最近では、同社の超小型ミラーがテレビ、コピー機、プロジェクターなどにも使用されている。伝統的な技術を保有する企業が、時代の変化に対応しながら成長し続けている典型的な事例といえる。

１８８５年創業の**多木化学**は化学肥料を生産している。同社は、日本で最初に化学肥料の製造を開始した化学メーカーだ。農機具の鋤（すき）を図案化して社章にしていることでわかるように、同社と農業は切っても切れない関係にある。

単に肥料を製造販売するにとどまらず、農業技術の改良普及に積極的に取り組んでいる。

専門の技師が全国各地の顧客を訪問して土壌を診断し、土質に合わせて肥料を設計しているのだ。さらに、化学肥料だけでなく、水処理薬剤をはじめとした環境関連製品や医薬品原料の開発・製造にも取り組んでいる。

非上場の優良老舗企業とは

それでは次に、非上場の老舗企業を紹介しよう。上場企業と同じレベルの情報開示をしているわけではないが、伝統に裏打ちされた実力は他社の追随を許さない。

田中貴金属工業（非上場）といえば、「金貨」というイメージだろう。金価格を知るために同社の店頭価格を見る人が多い。金を買わない人でも、金価格関連のニュースや新聞記事で何度となく同社の名前を見聞きしたことがあるのではないか。

同社は1885年に東京・日本橋の両替商「田中商店」として創業。現在は、持ち株会社TANAKAホールディングスの下に、金の地金や産業用貴金属製品を扱う田中貴金属工業、ジュエリー販売の田中貴金属ジュエリー、電子部品を手掛ける田中電子工業などがある。

同社は電球に使用された白金線から白金を回収することで、工業とのつながりができた。創業4年後の1889年には白金による工業製品の国産化に成功している。両替商であったが、工業製品分野に進出するのは早かった。

オペレーターによる電話接続が自動交換機に切り替わったことに合わせ、１９５５年から電話交換機用の貴金属製部品の生産を始めた。その後は、自動車の普及に合わせて、排ガス浄化用の白金触媒や半導体部品の生産にも着手した。現在では同社の製品がスマホ、パソコン、燃料電池などにも幅広く使われている。

金は他の金属と異なりとても安定していて、何百年経っても色や形状がほとんど変わらない。熱や薬品に強いだけでなく、よく伸びる。さらに電気をよく通すため、電気製品の部品としては格好の金属なのだ。

こうした金の扱いに熟練した同社は、時代の変化に対応しながら、金の用途を拡大して現在に至る。柔軟な発想と行動力があったからこそ、１３０年以上も存続しているのだ。

失敗を恐れぬチャレンジャー企業

ミツカン（非上場）といえば、酢、みりん、納豆などで有名。現在の愛知県半田市で酒造業を営んでいた初代の中野又左衛門が文化元年（１８０４年）に分家独立し、酢の醸造を開始したのがミツカンの始まりだ。当時、江戸で寿司が流行し始めていたことから業容が拡大した。

２代目のときに最上級の酢に「山吹」と命名して江戸への限定品として売り出した。当時、今の愛知県産の酢はすべて「丸勘」と呼ばれていたが、高級商品に独自の名前をつけることで差別化を図ったわけだ。現代風に言えば、ブランド戦略を展開したことになる。

４代目は名前を中野から中埜に改めただけでなく、ミツカンマークを制定し、全国各地で「ミツカン商標」のＰＲ活動を行っている。１８８８年には、当時熱狂的な人気を集めていた歌舞伎の芝居小屋を借り切って、１５００名の得意先を招待するイベントを実施した。舞台の上には、その頃の大スターである一流の歌舞伎役者が勢揃い。招待客には、商標をあしらったかんざしや徳利、猪口(ちょこ)などを配ったとのこと。客席に弁当やお茶、酒などを運ぶ店員達は、ミツカンの商標を染め抜いたハッピやはんてんを羽織って、ミツカン商標をお客に印象づけた。同時に、新聞広告やカレンダーなど、さまざまな媒体を活用して新商標を告知した。

ミツカンはこのミツカンマークを現在に至るまで使用し、日本人ならば誰でも知っている商標となっている。明治前半にＣＩ（コーポレート・アイデンティティ）活動を展開し、成功をおさめたのだ。

戦後は、食生活の変化に対応し「味ぽん」「追いがつおつゆ」「中華の素」「おむすび山」といった大ヒット商品を生み出したほか、１９９７年には納豆事業に本格参入した。納豆は、酢の製造で培った菌の育成や発酵技術が生かせる分野。１９９８年には、新ブランドとなる「金のつぶ」シリーズを発売しヒット商品となった。現在、ミツカンの国内納豆シェアは第2位だ。

ミツカンといえば、和食のイメージが強いが、北米や欧州でも積極的に事業展開している。最近では２０１２年に英国プレミアフーズ社から人気のあるピクルスブランド「ブランストン」と食酢トップブランド「サルソンズ」を取得。２０１４年には米国でユニリーバ社の子会社からパスタソースのトップブランド「ラグー」と第2位の「ベルトーリ」を取得した。

数多くのロングセラー商品を持つミツカンだが、過去を振り返れば失敗事例もある。

１８８９年には、ビール製造を開始。ビールを製造するには、酢の製造技術が役に立つので、関連性のないビジネスではない。一時は国内シェア第5位となったが、競争が厳しく経営難になることが予想されたため事業売却した。

１９７１年にはハンバーガーショップ事業に乗り出した。マクドナルドが銀座に日本第1号店を出店したのも１９７１年のことだった。ミツカンは「ハンダス」という名前のハンバーガーショップを東京都内中心に展開したが、競争が厳しく約10年後に事業撤退。そのほか、飲料事業やカット野菜の製造・販売でも失敗している。

これらの事例から、ミツカンが老舗ではあるが、前例踏襲型の保守的な企業ではなく、チャレンジ精神が旺盛であることがわかる。もともとは酒造業だが、時代の変化に柔軟に対応して現在に至るのだ。

地元に密着しつつグローバル展開

鈴与（非上場）は初代鈴木与平が１８０１年、静岡県清水港で船舶を利用した物流業「廻船問屋 播磨屋与平」を創業したことに始まる。中核事業は物流。取引先企業の海外展開が進むのに合わせて海外展開を促進し、世界20ヵ所に拠点を持つ。世界４大物流会社の一つである米国ＵＰＳ社と提携し、ＵＰＳ社の国際ネットワークを活用して、世界各国へ貨物を届けている。

グループ企業は約１４０社で、ガソリンスタンド、建設、警備、不動産、食品、情報、航空事業などを手掛けている。Ｊリーグの清水エスパルスを運営するエスパルスもグループ企業の一つ。グループ企業では情報サービスを手掛ける鈴与シンワートが東証２部に上場している。

同社の特徴は国際総合物流業者であると同時に、地域密着であることだ。

１８８９年に東海道線が開通したが、船よりも鉄道のほうが輸送時間が短いことから、清水港の利用が大幅に減少すると予想する人が多かった。しかし、鈴与は清水港へ入る貨物を鉄道へ載せかえることで、新たな物流網を構築し、鉄道貨物用石炭の取り扱いを始めた。その後、日本経済の拡大に伴って石炭事業は大きく発展し、鈴与も清水港も恩恵を受けた。

昭和初期の大不況では清水にも失業者が大量に発生した。鈴与は失業者救済を目的に、日本で初めて商業用のマグロ缶詰工場を立ち上げた。その後、マグロに加えみかんの缶詰生産も始め、缶詰事業は清水港の花形産業となった。

そして、２００８年には地域と地域を結ぶ航空会社事業のフジドリームエアラインズを設立。２００９年に開港した静岡空港を拠点に運航を開始した。航空事業はリスクが高く地元企業から出資を得るのが困難だったため、鈴与が単独で事業を開始したのだ。現在では、全国15空港をリージョナルジェット機で結んでいる。

鈴与は廻船問屋でスタートしたが、地元密着と変化への対応を続けながら今日の地位を築き上げた。

中小企業庁の調査では、起業10年後には約3割の企業が、20年後には約5割の企業が廃業している。毎年、多くの企業が誕生するが、成長どころか存続さえも容易ではない。中小企業庁のデータを見れば、老舗企業の強さがよくわかるだろう。

世界が驚くニッポンオリジナルの企業

〈日本の当たり前ビジネス〉	
（塾・通信教育）	
公文教育研究会	日本の塾の海外進出で草分け的な存在。初進出は1974年で海外48の国と地域に展開。
ZEホールディングス	子会社の栄光ゼミナールがベトナム展開。ベトナム人向けの日本語学校も運営。
ベネッセホールディングス	中国、台湾、韓国で幼児向け通信教育「こどもちゃれんじ」が人気。海外会員数のほうが多い。
（宅配）	
ヤマトホールディングス	宅配便で国内首位。国内シェア４割。中国、香港、マレーシアなど海外展開に積極的。
SGホールディングス（佐川急便）	国内宅配便2位。「飛脚宅配便」ブランドで展開。インドやスリランカにも拠点あり。非上場。
（回転寿司）	
石野製作所	回転寿司店のベルトコンベアシステムのトップメーカーで国内シェアは60％超。非上場。
鈴茂器工	寿司ロボット国内首位。売上高の約２割が海外向け。アジア地区での引き合いが多い。
〈グローバルニッチビジネス〉	
日本電子	電子顕微鏡で世界シェア７割。量産型電子顕微鏡を世界で初めて開発。ニコンが筆頭株主。
大東プレス工業	全国の路線バスのバックミラーの90％を製造・販売。非上場。
ヤナギヤ	人気食品のカニカマを製造する装置で世界トップ。同装置を世界19ヵ国に販売。非上場。
ダイナックス	オートマチック変速機の部品を製造。製造装置も内製化して品質保持。非上場。
冨士製作所	インスタント麺の製造機械メーカー。世界シェア４割。麺の試作や新規提案も行う。非上場。
ワイピーシステム	消火剤ではなく、二酸化炭素を使用する消火器具を製造・販売。非上場。
竹中製作所	フッ素樹脂でコーティング加工した錆びにくいネジを製造。世界シェア７割。非上場。
オプテックス	屋外用の侵入検知センサーを製造、世界シェア４割。自動ドアを制御するセンサーも生産。
日プラ	水族館の水槽用アクリルパネルを製造。世界シェア７割。60ヵ国に納入。非上場。
フロイント産業	医薬品製造機械・添加剤メーカー。国内シェア7割、世界シェア2割。52年連続黒字の安定企業。
マスダック	和洋菓子製造機器の専門メーカー。「東京ばな奈」などお菓子のOEM生産も。非上場。

東和電機製作所	全自動イカ釣り機を製造、世界シェア7割。漁船用のLED漁灯も製造。非上場。
ミズホ	脳動脈瘤クリップは国内シェア７割、世界シェア４割。約50ヵ国に納入実績。人工骨も製造。
東京鐵鋼	独自開発した建設用鉄筋の世界シェア５割。施工が極めて容易なことが特徴。
〈凄みのある老舗企業〉	
松井建設	日本の上場企業で最古の1586年創業。寺社からソーラー発電所まで施工。
小津産業	江戸の紙問屋「小津清左衛門店」が発祥。不織布の大手。セシウムを除染する布の開発に成功。
ユアサ商事	木炭商として創業。現在は工作機械等の専門商社。長い伝統で培われたネットワークが強み。
村上開明堂	自動車用バックミラーの国内最大手。シェア４割。トヨタ自動車との関係が深い。
多木化学	日本で最初に化学肥料の製造を開始。土壌診断を行い土質に合わせて肥料を設計している。
田中貴金属	日本橋の両替商として創業。半導体に使用されるボンディングワイヤで世界首位。非上場。
ミツカン	酒造業から酢の醸造へ。「味ぽん」「追いがつおつゆ」「おむすび山」など大ヒット商品多数。
鈴与	物流が中核の多角経営企業グループ。発祥は静岡県清水港の「廻船問屋 播磨屋与平」。

第三章　世界が注視する高齢化対応の企業

(1) ロボットで労働力不足を補う

少子高齢化もビジネスチャンス

日本で少子高齢化が進んでいることは言うまでもない。少子高齢化には暗いイメージがあるが、少子高齢化に対応する中に新たなビジネスチャンスがある。少子高齢化を背景に伸びる企業もあることを認識していただきたい。

少子高齢化対応の企業を紹介する前に、人口の状況を把握しておこう。

日本の人口は2016年3月1日現在で1億2692万人いる(総務省統計局)。これが2040年には1億728万人になると予測されている。しかも2016年時点では65歳以上が全人口の27・0%だが、2040年には36・1%になる。3分の1を超えてしまうのだ(国立社会保障・人口問題研究所の中位推計)。

2040年といえば、現在の就活生(大学4年生)が40歳代の半ばになっている。その頃の日本は今とかなり雰囲気が変わっているだろう。そして、2048年には人口が1億人を割り、65歳以上の比率は38・4%に達する。その時点で就活生は50歳代の半ばになっている。

人口が減少し高齢化するとさまざまな問題が生じるが、そのうちの大きな問題の一つが労働力の不足だ。技術力があっておカネがあっても、実際に働く人がいなければ、経済活動は成り立たない。

人口全体ではなく、生産年齢人口も見てみよう。生産年齢人口とは、年齢別人口のうち生産活動の中核を担う年齢の人口層を指し、15歳以上65歳未満の人口がこれに該当する。

生産年齢人口（15～64歳）は戦後一貫して増加を続け、最も多かったのは1995年の8726万人。その後減少局面に入り、2013年には32年ぶりに8000万人を割り込んで7901万人となった。そして、2016年3月1日現在では7661万人とさらに減少している。

残念ながら少子高齢化の流れは止まらない。子どもを産むことができる年齢の女性の数も減少しているので、一人の女性が多めに子どもを産んだとしても状況は変わらない。大昔のように一人の女性が10人以上産めば人口は増加するが、そんな時代に戻ることはないだろう。

ロボット産業強化は国策

労働力が減少してしまうのを補うのには、外国人労働者の受け入れが考えられるが、さまざまな規制から簡単には進まない。そもそも古今東西、労働力不足を外国人労働者の受け入れで補おうとしてうまくいった事例はない。外国人労働者を受け入れた当初はよくても、時間が経つにつれて問題が生じている。今後、グローバル化が進むにつれて、日本で働く外国人は増加するが、労働力不足を一気に補うほど受け入れることは難しいだろう。

そこで、頼りになるのがロボットだ。工場などの生産現場はもちろん、介護や清掃といった分野でもロボットが活用されるようになる。実は、ロボット産業を強化して、ロボットを積極的に活用するというのは国策なのだ。

日本政府は「日本再興戦略」改訂２０１４において、２０２０年までに工場など生産現場でのロボット使用量を２０１４年の2倍に、介護医療など非製造分野で20倍にするとの目標を発表した。そして、２０１５年に政府が発表した「ロボット新戦略」ではロボット市場の規模を２０１５年の６０００億円から２０２０年には2兆４０００億円へと成長させることを目標としている。

今後、ロボットの普及拡大が進むが、そこには多くのビジネスチャンスがある。ロボット関連企業はこれから大きく業績を伸ばしていくだろう。

学生に馴染みのあるロボット関連企業は少なく、社名すら聞いたことがない企業がほとんどだろう。しかし、学生の間では無名でも、技術力がある優良企業が多い。就職先として、ロボット関連企業を意識していただきたい。

日本の産業用ロボットは世界一

ひとくちにロボット産業といっても、まず産業用ロボットとサービスロボットに分けられる。産業用ロボットは、工場などの製造現場や建築現場などで使用されている。年間出荷額、稼働台数とも日本は世界1位だ。

産業用ロボットは多関節ロボットと電子部品実装機に大別される。多関節ロボットは、人間の腕の構造に似ていて、関節のような部分、即ち可動部分がいくつかあることから、このように呼ばれる。テレビニュースで工場の映像が流れたときに、火花を散らしながら作業しているロボットを見たことがあるだろう。あれが多関節ロボットだ。

多関節ロボットは世界で4つの大きなメーカーがあるが、そのうちの2社が日本の**ファナック**と**安川電機**だ。ファナックの主力製品は自動車向けの多関節ロボット。自動車向けの熔接ロボットに強く、米国自動車メーカーのゼネラルモーターズとの関係が深い。

これまで、工場内では作業員の安全確保のためロボットを柵の中に隔離しなければならなかった。しかし、これからは表面を柔らかい素材で覆い、人のすぐ近くで一緒に働ける協調型ロボットが使用されるようになる。同社は協調型ロボットの開発にも力を入れている。

同社のもう一つの主力製品は工作機械用NC（数値制御）装置で、こちらは世界シェア1位。NC装置とは工作機械に対して、数値を与えて動きを制御する装置のこと。工作機械の頭脳に当たる。NC装置は中国の景気低迷で売り上げが伸び悩むのに対して、ロボットは好調だ。そのほか、小型工作機械も製造しており、スマートフォン用アルミ製筐体（きょうたい）（ケース）の切削加工に使われるドリルなども手掛ける。

1972年、富士通からNC装置部門が分離し同社が設立された。当時の社名は富士通ファナック。2003年から社長を務める稲葉善治氏は実質創業者・稲葉清右衛門氏の子息。2013年には清右衛門氏の孫の清典氏が取締役に就任し、現在は専務になっている。同族色が強い会社だ。海外売上比率は8割超だが、生産は国内で行っている。工場の大半は富士山麓に集中していて、本社も山梨県にある。

同社の特徴は収益性が高いことと、財務体質が極めて良好なことだ。収益性を表す営業利益率（営業利益÷売上高）は40・1％。多関節ロボットのもうひとつの大手である安川電機の営業利益率7・9％と比較すると、同社の収益性の高さがよくわかる。また、借金はゼロ。これ以上ない好財務体質だ。

同社が日本を代表する優良企業であることは間違いないが、マスコミやアナリストとの接触をできるかぎり避けている。理由は「マスコミやアナリストと会っても業績の向上に結びつかないから」。合理的な理由と言えなくはないが、このような会社は珍しい。２０１５年は決算説明会を開催するなど外部との接触が少し増えたが、それでも他の大手上場企業よりも社風が閉鎖的であることは否定できない。

ロボット部品も世界トップ

ファナックと並ぶ産業用大手ロボットメーカーの安川電機は１９１５年に北九州市で創業した。炭鉱で使用される電動機や地元・北九州市の旧八幡製鉄向けなどの電機製品で基盤を固め、その後はさまざまな産業用電子機器を製造してきた。

現在、同社は熔接、組み立て、塗装、液晶パネル搬送、半導体ウエハ搬送など、さまざまな用途に対応したロボットを製造している。同社のロボットは、自動車・機械などの重厚長大製品から食品・化粧品といった消費財までさまざまな分野で使用されている。そして、近年になって力を入れているのがバイオメディカル分野向けロボットだ。

バイオメディカル分野の研究・開発現場では、多くの研究者が長時間、単純な実験作業を繰り返さなければならないことがある。また、手作業が介在することによって実験結果の信頼性が低くなるという問題もある。

さらに、医薬品の調製現場では毒性の高い薬剤を扱うので、研究者が危険にさらされてしまう。同社はこうした課題を解決するため、すでに細菌検査や抗ガン剤調製を行うロボットを開発済みだ。

同社の特徴は双腕ロボットに強いこと。双腕ロボットとは人間のように2本の腕があるロボットのことだ。両腕を協調させて、人間が行う以上に繊細な作業をこなすことができる。同社は人間と同じ大きさの双腕ロボットを製造している。こうしたロボットは人が作業していた場所にそのまま設置することができるので、新たにロボットを導入するときに最小限の設備変更で済む。要するに費用があまりかからない。そして、双腕ロボットは人と同じ作業をより正確に、疲れを知らずに行うので作業効率は飛躍的に向上する。

業績は好調で、2015年3月期の最終利益は過去最高だった。借金も少なく、財務内容も良好だ。創立100年を超える古い企業だが、社内は「部長」「課長」などの肩書ではなく「さん」づけで呼び合う和気あいあいとした雰囲気。社員が社長や会長とフランクに話す集会があるなど風通しのいい社風のようだ。

不二越は独立系の機械工具メーカー。精密工具、軸受け、産業用ロボットが事業の3本柱。世界シェア30％の大径ヘリカルブローチ盤をはじめ、工具や軸受けでは世界的な高シェア製品を多数製造している。そして、近年は産業用ロボットに力を入れている。

同社の産業用ロボットは自動車生産ラインで使われることが多かったが、最近は軽量でコンパクトな小型ロボットに力を入れている。同社のコンパクトロボット「ＭＺ０４」は本体の設置面積がＡ５用紙サイズと小さいため、狭小スペースへの設置が可能だ。本体重量も26kgと軽いため、天井から吊り下げたり壁に掛けたりと、設置場所を選ばない。コンパクトロボットは電機・電子、化学、食品、医薬品などの工場で使用されている。

多関節ロボットの関節部分に使用される部品が精密減速機だ。精密減速機は緻密な動きをすると同時に強さも求められる。さらに軽量でなくてはならない。この部品の優劣が多関節ロボットの性能を左右すると言っても過言ではない。第五章でも紹介する**ナブテスコ**の産業用ロボット向け精密減速機は世界シェア６割。目立たない分野ではあるが、ナブテスコは産業用ロボット業界で非常に重要な役割を果たしている。

また、ナブテスコが19・３％出資している**ハーモニック・ドライブ・システムズ**は小型ロボット向けに精密減速機を製造している。同社は売上高２６０億円と大きくはないし、ジャスダック上場なので東証1部上場企業に比べれば見劣りするかもしれないが、全国の大学や三菱電機、パナソニック、安川電機と連携するなど非常に研究熱心な企業だ。

電子部品実装機のトップ

電子部品実装機とは、各種エレクトロニクス製品の基板にチップやＩＣなどの電子部品を装着するロボットのこと。この分野の世界シェアトップ企業は愛知県に本社を置く**富士機械製造**だ。スマートフォンやタブレット端末では、プリント配線板の高密度化が進んでいるが、同社の電子部品実装機は微細な電子部品を高速・高精度に装着することができる。

また、同社は金属部品を切削加工するＮＣ旋盤などの工作機械やそれに付随する自動搬送ロボットの製造もしている。工作機械単体ではなく、各種ロボットや搬送ユニットと組み合わせたシステム全体での提供が得意で、日米の自動車メーカーから評価されている。

さらに、同社は介護ロボットも手掛けている。高齢者がベッドから車いす、車いすからトイレなどに移乗するときや、風呂の脱衣所で立っているのをサポートする機能を持つ。まだ自分の足の力は残っているのに、足を使う機会が少なくなってしまった高齢者が、自分の脚力を活かしながら最小限の介助で移乗することをサポートするわけだ。完全介護でまったく足を使わなくなると、体力低下が進んでしまうが、ロボット活用で体力維持または体力減退の緩和を図ることができる。また、パナソニックのグループ会社である**パナソニックファクトリーソリューションズ**（非上場）も電子部品実装機を製造している。

サービスロボットに注目

サービスロボットとは介護、医療、サービス業などの分野で使用されるロボットだ。工場などで使用される産業用ロボットとは区別される。この分野で注目すべきは**サイバーダイン**。２００４年に筑波大学大学院教授の山海嘉之氏が設立した、大学発のベンチャー企業である。

厳密にいうとロボットそのものではなく、人間が装着するロボットスーツを製造している。このロボットスーツの名称は「ＨＡＬ」。人間がロボットスーツＨＡＬを装着すると、身体機能が拡張・増幅する。簡単に言えば、普通では絶対に持ち上げられない重量の物を持ち上げることができたり、きちんと歩くことができない人が歩けたりする。

ロボットスーツＨＡＬは作業支援用、介護支援用、医療用の３つに分けられる。

作業支援用は、人間が重量物を持ったときに腰部にかかる負荷を低減することで、腰痛を引き起こすリスクを減らす。また、重作業を楽に行うことができるので、作業効率向上と作業現場での労働環境改善、労働災害防止に役立つ。

介護用は介護現場などでヘルパーなどが装着する。介護現場では被介護者を抱きかかえたときなどに腰を痛めることが多く、腰痛は介護ヘルパーの職業病にもなっている。しかし、ＨＡＬを身につければ、本来よりもはるかに強い力が出るので、ベッドから車いすへの移乗介助や体位変換介助などで筋肉、腰椎、椎間板にかかる負荷が軽減される。

医療用は足腰に障害があるか、脚力が弱くなった人が治療のために使用する。足腰が不自由になる原因の多くは脳・神経系の疾患にある。通常は脳からの指令が神経を通って足腰に伝わり足腰が動く。しかし、疾患のある人の場合、指令が神経をうまく通らない。

そこで医療用HALは「歩きたい」「立ちたい」という思いに従って装着者の脚を動かし、「歩けた」「立てた」という感覚を脳にフィードバックすることで脳に学習させる。医療用HALは、脚の動かし方を脳に教えることができるロボット治療機器なのだ。

HALはこれまで介護・医療分野で使用されることが多かったが、このところ建設現場や作業現場での利用が増えている。建設大手の**大林組**は建設現場で作業支援用HALを採用した。重さ3kgのHALを腰に装着して物を持ち上げると、HALが持ち上げる力を補助してくれる。例えば、40kgの物を持ち上げるときには、16kg分をHALが助けてくれるのだ。

建築現場では重い資材を運ばなければならず、作業員が腰を痛めることが多い。建築現場では人手不足が続いているので、作業員のケガは何としてでも避けたい。また、高齢者に少しでも長く仕事を続けてほしい。HALを建設現場で活用すれば、人手不足に対応できる。

羽田空港の管理・運営をする**日本空港ビルデング**は、作業支援用HALとサイバーダイン社が製造した搬送ロボットとクリーンロボットを導入した。作業支援用HALは物販店での商品補充や、リムジンバスの荷物積み下ろし作業のときに使われる。

また、搬送ロボットは地下倉庫での荷物搬送に、クリーンロボットは空港内清掃や店舗などの床掃除に使用される。

住宅大手の**大和ハウス工業**は、サイバーダインの株主第2位であり総販売代理店でもある。大和ハウス工業とサイバーダインとの出会いは２００６年のこと。ロボットの開発費が足りず、出資者を探し求めていたサイバーダインのＣＥＯ、山海嘉之・筑波大学大学院教授が、大和ハウス工業の樋口武男会長に初めて面会した。山海教授から話を聞いた樋口会長は、大和ハウスの経営会議に出資を提案した。

２００７年には出資を実行しただけでなく、大和ハウス工業が施工したり、運営したりしている住宅や介護・福祉施設、スポーツ施設でのロボットスーツの活用について業務提携した。２００８年7月に大和ハウス工業がロボットスーツを販売する販売代理店となり、同年5月には、年間生産台数５００台を目指したロボットスーツ「ＨＡＬ」の基幹工場の建設に着手した。

また、大和ハウス工業が建設し、運営している茨城県つくば市のショッピングセンターには、サイバーダインの各種テクノロジーを実際に体験することができる「サイバーダインスタジオ」がある。

そのほか、大和ハウス工業は自社の建設現場でＨＡＬを使用して、実証実験も行っている。雨が降った場合はどうなるのか、ＨＡＬを長時間装着した場合の作業員の疲労度合いはどの程度なのか、施工現場で使ってみなければわからない。こうした実証実験で得られたデータはサイバーダインに送られて開発の役に立つ。サイバーダインと大和ハウス工業の関係は緊密なのだ。

そのほか、サイバーダインが提携しているのは**オムロン**だ。オムロンがロボットスーツと搬送用ロボット、清掃用ロボットについて、販促と保守サービスを行っている。サイバーダインは、全国130ヵ所のサービス拠点と1200人の技術サービス人員を擁するオムロンと提携することで、販路拡大と保守サービスの充実を図ることができた。

さらに両社はサイバーダインのロボット技術とオムロンのセンサー技術を融合させることで、新たな製品やシステム構築を狙っている。ロボットスーツの需要増加とともにサイバーダインだけでなく、大和ハウス工業やオムロンの業績も拡大していくことになる。

ちなみに大和ハウス工業はロボット事業に熱心な企業で、サイバーダイン社以外のロボットも手掛けている。

例えば、セラピー効果を目的にしたアザラシ型ロボット「PARO（パロ）」、寝たきりの人の排泄をサポートする自動排泄処理ロボット「マインレット爽（さわやか）」、リフォーム会社向け狭小空間点検ロボット「moogle（モーグル）」、歩行訓練ツール「popo（ポポ）」などがあり、ロボット事業は着実に伸びている。

ロボットも感情を持つ時代に

最近、小売店や飲食店などの店頭で人型ロボット「Ｐｅｐｐｅｒ（ペッパー）」をよく見かける。特に携帯電話のソフトバンクショップではペッパーが「接客」していることが多い。ペッパーは**ソフトバンクグループ**が開発・販売しており、身長１２１㎝、体重29㎏、時速２㎞で移動することができる。首をかしげたり、頷いたりと、あたかも生きているようで、同じロボットでも産業用ロボットとは大きく違う。

ペッパーの最大の特徴は、ロボットながら感情を持ち、人間とコミュニケーションできることだ。特に何かすごい作業ができるわけではない。「コミュニケーションで人を楽しませる」というコンセプトのもとに開発された。

ペッパーには高度な音声認識機能や各種センサー、笑顔を検知する映像処理技術、感情を認識する技術などが盛りこまれている。人と接するたびにその出来事を「記憶」として蓄積。それがペッパーの性格や行動につながるように設計されている。ソフトバンクの孫正義社長は「よく可愛がり、褒めたりするとペッパーは明るく育つ。あまり話しかけず放っておくと、暗い性格のペッパーになる」と言う。

２０１５年6月からネットで一般販売されたが、6月分の１０００台はわずか1分で売り切れた。その後も毎月、発売即売り切れという状況が続いた。本体価格19万8000円。ネットを使用するため別途、毎月1万4800円の基本料金と故障時に修理を受けるための保険料が9800円かかる。安い料金ではないのにこれだけ売れるのは人気のある証拠だ。

ソフトバンクは量産体制を整えて、2016年1月から店頭販売も開始した。今後、ソフトバンクは台湾の電子機器受託製造大手・鴻海（ホンハイ）科技集団や中国電子商取引最大手アリババグループと提携してペッパーの世界販売を進める。低コストでの製造技術に優れた鴻海が作り、巨大なアリババが販売するのでペッパーの売り上げ台数は伸びていくだろう。現在は「接客」的な場面で使用されることが多いが、今後は外国語教育や介護などに活用されることが予想される。

ドコモとKDDIも市場へ

ところで、ロボットに力を入れているのはソフトバンクだけではない。他の携帯電話会社2社も力を入れている。

NTTドコモは**タカラトミー**と家庭用会話ロボット「ＯＨａＮＡＳ（オハナス）」を共同開発し、2015年10月に発売した。これまでのロボットは、音声認識システムを内蔵し、あらかじめ用意されたシナリオに従って会話をしていた。しかし、オハナスは、ドコモが開発したクラウド型の自然対話プラットフォームを使うため、自然に対話をすることができる。人間が話しかける内容に応じて違った受け答えができるのだ。

オハナスはペッパーのように人間の表情から感情を読み取ったり、移動したりはできないが、価格は1万9800円でペッパーの10分の1と安い。話し相手にするだけならば、割安な価格ともいえる。

ちなみにオハナスには「おはなし」して「はなしに花が咲く」という意味がある。

KDDIは2015年8月、米国のロボット開発ベンチャーのジーボ社に出資した。ジーボ社はマサチューセッツ工科大学と提携して家庭向けロボットJiboを開発している。ロボット事業では、ソフトバンクやNTTドコモに遅れていたが、KDDIも本腰を入れ始めたと見て良いだろう。出資に際しKDDIは「家族とモノの新しいコミュニケーションが生まれる世界をお客さまへご提案する予定です」とコメント。これは、ペッパーやオハナスのようにヒトとロボット、またはヒト同士のコミュニケーションを盛り上げるロボットを市場投入したいということだ。

ドローンはロボット

ロボット関連としてドローン（自動無人飛行機）を忘れてはならない。ちょっと危険な

「おもちゃの無線飛行機」のように思っている人がいるかもしれない。しかし、無人で自律制御しながら飛行し、作業をすることができるのだからロボットの一種ともいえる。米国では、自動車、船舶、飛行機に次ぐ「新しい交通インフラ」と見なされて、グーグルやアマゾンがドローンを活用した事業に取り組んでいる。

米国の調査会社フロスト&サリバンによると、2015年のドローンの世界市場規模は17億ドルだが、2020年には228億ドルに達する見込み。ドローンに関連した企業は大きく成長する可能性がある。

日本では、2015年に首相官邸の屋上に不時着したり、各地のイベントに侵入したりとトラブルが続出した。しかも、国内にはドローンの利用に関する法規制がないことがわかって大騒ぎになった。

しかし、ドローン関連事件によって法規制の整備が進み、2015年12月から航空法が改正され、ドローンなど無人航空機の飛行ルールが新たに導入された。

以上のような動きがあったことから、2015年は「ドローン元年」と呼ばれる。航空法の改正で、ドローンの普及が進むだろう。農薬撒布での利用はすでに始まっているが、宅配、航空撮影、監視など用途はどんどん広がる。

ドローンを製造するメーカーの大手はDJI(中国)、パロット(フランス)、3Dロボティクス（米国）の3社（ちなみに首相官邸の屋上に不時着したのはＤＪＩ製のドローンだった）。

国内メーカーは海外勢力に遅れをとっているが、千葉大学発のベンチャー企業である**自律制御システム研究所**（非上場）は有望だ。代表取締役の野波健蔵氏は千葉大学の特別教授で、日本のドローン分野では第一人者。２０１５年から**菊池製作所**に委託してドローンの量産を開始した。予定では年間１２００台を生産する。

ドローンを活用する企業では、まず警備会社の**セコム**を挙げたい。最近は、工場や大型商業施設など広い敷地を有する施設では、不審車（者）の映像を確実に捉えるため、固定の監視カメラを設置するケースが増えている。固定の監視カメラは防犯上有効ではあるが、遠くにいる不審車（者）のナンバーや、人の顔、身なりなどが鮮明ではない場合がある。

そこで、同社は監視カメラとＬＥＤライトを搭載した「セコムドローン」を開発した。セコムドローンは上空から侵入車（者）に接近し、車のナンバーや車種、ボディカラー、人の顔や身なりなどを撮影。この画像を無線でセコムのコントロールセンターに送信する。すると、セコムの警備員が不審車（者）を追跡することができる。

セコムのライバル企業の**ＡＬＳＯＫ**は２０１４年10月にドローンを活用した「メガソーラー施設向けサービス」を開始した。メガソーラーは広大な土地に設置されるため、建設前の土地の選定や建設後の維持管理がとても大変だ。このサービスでは、ドローンを活用して建設前の土地や建設後の施設を空撮したり、パネルに異状がないかを点検したりすることが可能だ。

従来、空撮するためには航空測量会社などに依頼しなければならなかったし、パネルの点検は一枚ずつ、人間が確認しなければならず、膨大なコストがかかっていた。その点、ドローンならば広い範囲を効率よく空撮と点検ができるし、従来よりも短時間かつ安いコストで済む。

2014年に国土交通省が老朽化した橋の「近接目視」によるチェックを義務付けた。そこで、同社では、橋の点検のために橋の下や横に接近しつつ、安全に点検を行えるドローンを開発中。国内には老朽化した橋が多いことから、橋の点検用ドローンの需要は大きい。

さらに、同社はドローンの侵入に対処するサービスを展開している。今後、テロや盗撮、いやがらせなどの目的でドローンが施設内に侵入してくることが考えられる。だが、低空飛行するドローンはレーダーで捉えづらく、自律飛行時は電波の検知も難しい。そこで、同社は侵入ドローンのプロペラの回転音を検知し、侵入ドローンの機種を特定するとともにサイレンで警告、警備員を派遣するサービスを提供している。

ところで、自律制御システム研究所について説明したときに言及した菊池製作所はとてもユニークな企業なので、改めて紹介する。同社の主力顧客は精密機器、電気機器、自動車部品メーカーだ。顧客が新製品を開発するときの試作品を製作するほか、新製品開発に使用する金型の設計・製造も手掛けている。

さらに、顧客の製品の受託製造も行っている。ドローンの製造もこうした受託生産事業の一環だ。同社は技術志向がとても強く、ここ数年、設備投資と研究開発費の合計が売上高の20%を上回っている。たいていの大手自動車メーカーや電機メーカーではこの比率が10%を下回っていることを考えれば、同社が技術力を重視していることがよくわかる。しかも同社は営業赤字が続いているにもかかわらず、設備投資と研究開発に予算を割いている。

建設機械や農業機械もロボット化

建設機械で国内首位、世界第2位の**コマツ**は、無人運転で動くダンプトラックの製品化に成功している。オペレーターが遠隔地からGPS（全地球測位システム）を活用してダンプトラックを操作するが、単なるリモートコントロールではないため、ずっと操作をし続ける必要はない。

コマツの無人ダンプの場合、走行ルートを設定さえすれば、後は無人ダンプが自律的に走行する。例えば、道路に障害物があればオペレーターが指示しなくても止まったり、よけたりする。無人ダンプがセンサーで周囲の状況や自車のコンディションを把握し、自律的に対応するのだ。

さらに同社は２０１５年にドローンを活用した「スマートコンストラクション」サービスの販売を開始した。こちらは無人ではなく、オペレーターが乗車する。このサービスではドローンや建設機械の運転席に搭載されたステレオカメラが施工現場の測量を行う。すると即座に施工完成図面が3次元データ化される。その後、顧客が施工条件を入力するとさまざまな施工パターンが出てくるので、顧客は最適な施工計画を立てることが可能だ。

そして、この計画に基づいてＩＣＴ化された建設機械が施工する。ＩＣＴ化された建設機械は操作が簡単なので、新人オペレーターでも熟練オペレーターとほぼ同等の作業ができる。

施工現場の測量には時間がかかるし、場所によっては大きな危険が伴うことがある。また、著しい人手不足の状況下で熟練作業者を雇うのは困難だ。コマツのシステムは労働力不足解消に大きく役立つ。

農業機械メーカー第2位の**ヤンマー**（非上場）はＧＰＳを活用して自律走行する無人トラクターを開発し、「２０１５国際ロボット展」で発表した。タブレット端末を通じて、無人トラクターを監視・操作することができる。

また、農業機械メーカー第1位の**クボタ**も２０１６年1月にＧＰＳを活用して無人で走行するトラクターを公開した。農地を耕すだけでなく、肥料や農薬の撒布もできる。発売は２０１８年の見込み。そのほか、同社は２０１６年中に自動田植え機を発売する。

先述の通り、農林水産省が発表した「２０１５年農林業センサス」によると、国内の農業就業人口は２０９万７０００人で5年前に比べて50万９０００人も減少した。平均年齢は66・4歳となり、65歳以上が農業人口全体の63・5％に達した。普通の企業ならばリタイアしている年齢の人達が農業を担っている。もはや従来型の農業機械では農業人口減少と高齢化をカバーしきれない。無人で自動走行・作業ができる農業機械がなければ農業を維持できない。

（2）国内外で成長する介護事業

中国の少子高齢化

少子高齢化が進んでいるとなれば、介護業界が成長業界であることは容易に想像できるだろう。要介護認定者は右肩上がりで増加し、２０１５年11月現在で６１８万８５９９人に達している（厚生労働省：介護保険事業状況報告２０１５年11月分）。この人数は65歳以上人口の約2割に当たる。市場が拡大しているので、介護関連企業の売上高は伸びている。

しかし、筆者としては学生に介護関連企業を無条件に勧める気にはなれない。それはこの業界の平均年収がとても低いからだ。業界ごとの40歳時点での平均年収を見ると介護業界は382万円。全69産業の中で最も低い。一番高いのは総合商社の1142万円。ちょうど真ん中で35位の医療機器業界が612万円であることを見ると、いかに介護業界の年収が低いかがわかる（東洋経済新報社調べ）。

介護事業者の売上高は介護保険料と税金と利用者の自己負担から成り立っている（売上高のうち介護保険料と税金が9割を占める）。国がサービス価格などさまざまな規則を定めるため、介護事業者が勝手に料金を高く設定することはできない。そのため、従業員の給与も簡単に上げることができないのだ。しばらくは、成長業界でありながら、従業員の年収は低いという状況が続く。

介護需要が多いのは日本だけではない。特に中国はこれから介護市場が急速に拡大する。中国は1979年に「一人っ子政策」と呼ばれる人口抑制策を導入した。人口抑制に効果はあったが、想定以上に速く少子高齢化が進んでしまった。2012年には就業年齢人口（15～59歳）が減少に転じ、2014年には65歳以上の人口が、全人口の10%を突破した。

中国では伝統的に子どもが年老いた親の面倒を見ることが一般的だったが、急速な少子高齢化でそうしたことが難しくなってきた。そして、ここに日本の介護関連企業のビジネスチャンスがある。中国には65歳以上の人が1億３０００万人もいるのだ。日本とは比較にならないほど大きな市場がある。

中国政府と戦略的提携

介護業者で中国展開が最も進んでいるのは、業界トップの**ニチイ学館**だ。同社の介護部門売上高は１４５０億円と、他社と比較して圧倒的に規模が大きい（他社はすべて１０００億円未達）。

同社は２０１２年、上海に現地企業と福祉用具卸販売会社を設立。その後、２０１４年には中国政府の民政部が管轄する中民養老企画院と戦略的提携合意書を締結した。民政部とは日本の総務省に相当する官庁で、中民養老企画院とは民政部の外郭団体。介護運営スキームの普及、介護技術の開発、介護市場形成の支援などに取り組んでいる。

同社は中国内での介護事業展開について中国政府からお墨付きを得たということだ。その後同社は、中民養老企画院の協力のもと、現地で家事代行や清掃サービスを手掛ける企業10社を買収。これらの企業に専門的な介護技術を伝授し、介護ビジネスを拡大させている。さらに介護に加えて、人材育成、産前産後ケア、ベビーシッター事業も行う方針だ。

ちなみに同社の事業のもう一つの柱は医療事務サービスだ。病院の受付、会計、診療報酬請求、カルテの管理などを請け負う業務を行っている。同社はこの分野でも業界トップ。介護事業で中国に食い込んだ後は、医療事務サービスを展開することもあり得る。中国の病院運営は非効率で有名だ。高齢化とともに病院を利用する人数が増加するので、効率化は急務といえる。この分野でも同社の活躍が期待される。

高齢化は日本や中国だけで問題になっているのではない。実は遠くない将来にＡＳＥＡＮ諸国でも高齢化が問題になる可能性が高いのだ。国連の統計では、２０１５年のＡＳＥＡＮ諸国の高齢化率（65歳以上人口の比率）は５・９％と低い水準にある。しかし国連の人口推計（中位推計）によれば、高齢化率が上昇するスピードは日本と同等か、それよりも速い。ＡＳＥＡＮといえば、若くてエネルギッシュなイメージがあるが、そのイメージはそう長く続かないかもしれない。となれば、ＡＳＥＡＮも介護関連企業にとって重要なマーケットになる。

介護大手の**リエイ**（非上場）は２０１６年1月、タイのバンコクに現地の高齢者を対象にした、日本スタイルの老人ホームを開設した。タイで日系業者が本格的な介護施設を開設するのは初めてのことだ。タイでは都市部を中心に高齢化が進み、国連の統計によるとタイの高齢化率（２０１５年）は10・５％。ＡＳＥＡＮのメンバー国だが、高齢化率が高い。

リエイは介護他社に先駆けて2003年にタイに進出して以来、介護士養成のための学校を設立し、認知症・重度要介護者への介護サービス事業を続けてきた。日本国内ではニチイ学館との差が大きいが、タイでは同社が日系介護でダントツのトップとなる可能性がある。

自転車から車いすへ

介護関連では、介護そのもの以外に介護用品メーカーが有望だ。高齢者の増加とともに介護用品の需要も伸びていく。ロボットについて解説した箇所でも介護について触れたが、ここではベッドや車いすのメーカーについて説明する。

ベッドメーカーの最大手は**パラマウントベッドホールディングス**。1947年に病院用ベッドの専業メーカーとしてスタートし、その後、高齢化の進展を背景として、高齢者施設や在宅介護分野にも事業領域を拡大してきた。医療・介護ベッドでは国内シェア7割と圧倒的な存在だ。低床ベッドなど高機能製品の開発で先行している。

ベッド以外に排泄用具などの医療福祉機器や病室用家具の製造販売も行っているし、グループ内にはメンテナンスやレンタル会社もある。全売り上げのうち海外向けの比率は8％と大きくないが、今後はアジア地域向けの売り上げが増加し、海外向けの比率も上昇していくだろう。

ベッドの2番手は**フランスベッドホールディングス**。設立は1946年で、1963年から病院向け事業を開始した。一般ベッドやソファなど家具インテリアの高級ブランドメーカーとして有名だが、利益に貢献しているのは在宅療養ベッド・福祉用具等のレンタルや販売事業だ。福祉用具は車いす、排泄用具、杖など品ぞろえの幅が広い。また、電動アシスト三輪車なども扱っている。

フランスベッドというと高級ベッドのイメージを持つ人が多いだろう。しかし、介護福祉機器メーカーと言ったほうが、実像に近い。

パラマウントベッドやフランスベッドといった社名は聞いたことがあるだろう。しかし、**カワムラサイクル**（非上場）という社名は聞いたことがないのではないか。同社は車いすの専門メーカーで、売上高は国内トップ。ホッチキスで有名なマックスの子会社だ。

同社の前身の川村産業は、自転車メーカーであり「ＮＩＳＨＩＫＩ」ブランドの高級自転車を製造していた。海外にも輸出され、海外でも有名な自転車メーカーだった。しかし、海外からの安価な自転車流入で業績が悪化、１９９０年代の半ばから、自転車の製造技術を生かして車いすの製造販売に乗り出した。特にヒットしたのは、マウンテンバイクの素材に使われていた軽くて丈夫なアルミで製造した車いすだ。

一般的な手動車いすのほか、シャワーを浴びるときに使用する車いす、手押し車式の歩行支援機、電動式4輪カートなどあらゆる種類の車いすを製造している。

国内だけを見ると、介護業界は市場が拡大しているにもかかわらず、平均年収が低くて待遇の良くない企業が多い。しかし、海外進出を進めて各企業が成長していけば状況は変わるのではないだろうか。とにかくビジネスチャンスは多い。

世界が注視する高齢化対応の企業

〈ロボット・ビジネス〉	
ファナック	多関節ロボットの世界的大手メーカー。無借金で財務体質は超優良。同族色の強い社風。
安川電機	多関節ロボットと双腕ロボットを手掛ける。産業用ロボットの累計台数で世界首位。
不二越	産業用ロボット、精密工具、軸受けが事業の３本柱。小型ロボットに力を入れている。
ナブテスコ	産業用ロボット向け精密減速機は世界シェア６割。自動ドアも世界トップクラス。
ハーモニック・ドライブ・システムズ	小型ロボット向け精密減速機を製造。ナブテスコが19.3%出資。半導体製造装置向け製品も。
富士機械製造	電子部品実装機で世界シェア１位。工作機械やそれに付随する自動搬送ロボットの製造も。
パナソニックファクトリーソリューションズ	電子部品実装機を製造。ソリューションビジネスも。パナソニックのグループ会社。
サイバーダイン	筑波大学発のベンチャー。ロボットスーツHALや搬送ロボット、クリーンロボットを展開。
大林組	スーパーゼネコン5社のうちの１社。建設現場でロボットスーツHALを採用。
日本空港ビルデング	羽田空港旅客ターミナルの施設管理、物販でロボットを活用。
大和ハウス工業	サイバーダインの株主第２位で総販売代理店。自社の建設現場でHALの実証実験も。
オムロン	サイバーダインのロボットスーツや搬送用・清掃用ロボットの販促と保守を請け負う。
ソフトバンク	感情を持つ人型ロボット「Pepper」を開発・販売。台湾の鴻海や中国のアリババと提携。
NTTドコモ	タカラトミーと共同で家庭用会話ロボット「OHaNAS（オハナス）」を開発。
タカラトミー	トミカなどで有名な玩具大手。1980年代からリモコンロボット関連商品を販売。
KDDI	米国のロボット開発会社ジーボ社に出資。ジーボ社はマサチューセッツ工科大学と提携。
自律制御システム研究所	千葉大学発のベンチャー企業。代表の野波健蔵氏は日本のドローン分野では第一人者。
菊池製作所	自律制御システム研究所からドローンの生産受託。年間1200台目標。技術志向が強い。
セコム	国内警備会社トップ。監視カメラとLEDライトを搭載した「セコムドローン」を開発。
ALSOK	国内警備会社２位。ドローンを活用した「メガソーラー施設向けサービス」を展開。
コマツ	建設機械で世界第２位、国内1位。無人運転で動くダンプトラックの製品化に成功。

ヤンマー	GPS活用で自律走行する無人トラクターを開発。タブレット端末で無人トラクターを操作。
クボタ	GPSを利用し無人走行するトラクターを公開した。自動田植え機を発売予定。
〈介護ビジネス〉	
ニチイ学館	国内介護業界トップ。中国内での介護事業展開に積極的。中国政府と戦略的提携を結ぶ。
リエイ	タイのバンコクで現地の高齢者を対象にした、日本スタイルの老人ホームを開設。
パラマウントベッド	医療・介護ベッドでは国内シェア7割。医療福祉機器や病室用家具も手掛ける。
フランスベッド	高級ベッドメーカーの印象が強いが、収益に貢献しているのは在宅療養ベッド・福祉用具など。
カワムラサイクル	車いす専門で、国内トップメーカー。高級自転車メーカー時代の技術を生かす。非上場。

第四章　お家芸の「おもてなし」で伸びる企業

（1）観光は観光でも医療観光

インバウンドの増加

日本を訪れる外国人旅行者やビジネスマンの数は、２０１３年に初めて１０００万人を突破し、２０１４年は１３４１万人、２０１５年は１９７３万人と急増している。政府は２０２０年までに年間２０００万人を目標としてきたが、これがほぼ達成されたので、２０２０年の目標を４０００万人に引き上げた。人口が減少している日本にとって、訪日外国人（インバウンド）の増加は大きなビジネスチャンスだ。

中国人観光客の「爆買い」などを見てもわかるように、外国人の買い物や消費は日本企業の収益を押し上げる。しかし、インバウンド効果はこれだけではない。日本製品やサービスの良さを知った外国人は、帰国した後にネット通販で日本製品を購入する。また、知人に日本で買った商品を見せたり、お土産として配ったりすると、知人が日本製品のファンになってネット通販で購入する。２０１４年の日本から中国・米国へのネット通販売上高は1兆9３１億円で、２０１８年には2兆１７００億円程度になると予想されている（経済産業省：電子商取引に関する市場調査）。外国人客のおもてなしに成功すれば金額はもっと大きくなるだろう。

　また、人気製品を製造するメーカーや人気サービスを提供する企業は海外進出がしやすくなる。通常、新たに海外進出する場合、ＰＲ活動にかなりのコストをかけなければならないが、すでに知名度が高ければ集客コストが少なくて済む。

　日本を訪れる外国人旅行者やビジネスマンをきちんと「おもてなし」すれば大きな成果とビジネスチャンスをつかむことができるのだ。この章では「おもてなし」関連ビジネスについて解説する。

海外富裕層の医療観光

名所見物や食事だけが観光ではない。医療観光というものもある。昔から先進国の患者や新興国の富裕層は、居住国とは異なる国を訪問して治療や検査を受けてきた。自分の国では不可能な治療や検査を受けるためには海外に行くことを厭わないのだ。

　最近は新興国の経済が発展し、富裕層が増えてきた。こうした人達は自分や家族の健康のためにおカネを使うのを惜しまない。今後、日本政府は医療観光を成長戦略の一つとするため、法整備を進めていく。

オリンパスは医療機器メーカー

海外からの医療観光客が増加すれば、医療機器の需要が増大する。今後、日本の医療機器メーカーは伸びていくはずだ。

医療機器メーカーの売上高トップは**オリンパス**。一般にオリンパスといえば、デジカメだろう。しかし、海外では医療機器メーカーとして有名だ。売上高７６４７億円の内訳は医療事業が73％、科学事業が14％、映像事業が11％となっている。医療事業とは主に人体の内部を観察するための内視鏡の製造であり、科学事業の主体は顕微鏡の製造だ。カメラなどの映像事業は全体の11％しかない。

医療向け消化器内視鏡の世界シェアは70％超で圧倒的な首位。同社の内視鏡は技術優位性が高く、利益率が高い。

同社は２０１１年に過去の財テク損失を巡る粉飾決算が発覚し、経営は大混乱に陥った。業績も大幅に悪化し２０１２年3月期には４８９億円の最終赤字となり、人員のリストラも行った。一時は会社存続が危ぶまれたが、２０１２年9月にソニーと資本業務提携することで危機を乗り切った。収益もコンプライアンス（法令遵守）も低レベルだったが、消化器内視鏡という強力な製品を持っていたため、救いの手がさしのべられたのだ。

同社は1919年に顕微鏡や体温計のメーカーとして創業された。その後はフィルムカメラのヒットで光学機器メーカーとしての地位を固め、1950年に世界で初めて胃カメラの実用化に成功した。

現在の内視鏡は、単に体内を観察するだけではなく、さまざまな機器と組み合わせて、診断のための組織採取や病変の切除なども行うことができる。内視鏡というと「視る」だけという感じがするが、治療機器でもあるのだ。

これまで、同社は医師達と共同で内視鏡の開発を進めてきたし、これからも進めていく。今から他のメーカーが医師達とオリンパスの関係に割って入ろうとしても無理だ。

「下町ロケット」のモデル企業

医療機器メーカー第2位は**テルモ**。1921年に北里柴三郎博士らが発起人となり、それまではドイツからの輸入品に頼っていた体温計の国産化を目指して創業した。テルモというと体温計や血圧計などを思い浮かべる人が多いのではないか。しかし、同社は家庭用の医療器具だけを作っているのではなく、主力製品は病院で使用する医療機器だ。

同社の主力事業はカテーテルシステムなどの心臓血管製品、使い捨て注射器などのホスピタル製品、輸血治療を支える血液システムの3つ。

中でもカテーテルや人工心肺、人工血管といった心臓血管製品のシェアが高い。カテーテルとは、コレステロールなどで詰まってしまった血管に通す管。手首や足の付け根の血管を入り口に、カテーテルを挿入して血管を広げて血液の流れをよくする。同社はカテーテルで国内1位、世界4位のメーカーだ。

人工心肺とは、体に機械の心臓や肺を埋め込むのではない。心臓を手術するには心臓や肺を停止させなくてはならないが、単純に停止させてしまったら患者は死亡してしまう。そこで、手術中に患者の心臓や肺に代わって血液を全身に循環させたり、血液中の酸素交換を行う装置を人工心肺という。

大動脈の一部がこぶのように大きくなる大動脈瘤は、進行すると破裂する恐れがある。そこで、大動脈瘤のある部分を切除して人工血管に置き換えなければならないが、同社はその人工血管を製造している。

愛知県に本社を置く**東海メディカルプロダクツ**（非上場）はバルーンカテーテルの製造会社だ。心臓が弱いと、血液を体中に循環させることができない。心臓に一度集まった血を体中に押し出すのを助ける機器がバルーンカテーテルだ。

海外メーカーもバルーンカテーテルを製造しているが、海外メーカーのものは外国人向け、即ち体の大きい人向けに作られているので、日本人に使用すると事故が起きることがある。東海メディカルプロダクツは日本人に合ったバルーンカテーテルを作っている。日本人の体型に合っていれば、アジア系の人にもフィットする。

創業者の筒井宣政氏（前社長）は、もともとプラスチック加工の会社を経営していた。娘さんが生まれつき心臓が悪かったため、何とか娘さんを助けたいという一心で、人工心臓の開発に乗り出した。しかし、さすがに人工心臓は難しいということで、途中から目標をバルーンカテーテルの開発に切り替えて成功した。

同社の売上高は30億円強で、従業員は２００名弱。高い技術力を持つキラリと光る中小企業だ。２０１５年にＴＢＳで放映されて話題となったドラマ「下町ロケット」に出てくる「佃製作所」は同社をモデルにしたとも言われている。

歯科部門で有力な３社

ジャスダック上場で栃木県に本社のある**ナカニシ**は歯科製品で世界トップクラス。１９３０年の創業以来、超高速回転技術に特化した専門メーカーとして、歯科治療機器や工業用切削機器を製造してきた。歯を切削するときに使用する「ハンドピース」と呼ばれる歯科治療機器の分野では米国・ＥＵを中心に世界１３０ヵ国以上に販売ネットワークを持つ。

高速回転で切削する技術を活用して、脳外科・整形外科向け医療機器も手掛けている。ナカニシの強みは、全製品の開発・製造・販売を全て自社で行っていること。世界中の顧客とじかに接触することで顧客のニーズを把握し、それを素早く開発・製造に結びつけている。

松風(しょうふう)は１９２２年に松風陶歯製造として京都で創業、人工歯の製造・販売を始めた。現在は人工歯やそれを磨く研削材、歯の詰めものや被(かぶ)せものに使用される合成樹脂などを製造している。そのほか、歯の治療機器や矯正用材料の製造も手掛ける。

米国、ドイツ、中国、シンガポールに販売会社を、英国と中国に生産拠点を設けていて、全売上高に占める海外向け比率は31・３％。松風の製品は、すでに海外の人達に受け入れられている。

人工歯は機能が優れていることはもちろん、見た目も重視される。使い心地の良い人工歯であっても、周囲の歯の色とマッチしなければ顧客は満足しない。昔の新興国の人ならば、微妙な色合いまで気にしなかっただろうが、裕福になった今では見た目を重視する。繊細なテクニックを持つ松風の製品はこれからさらに外国人に受け入れられるだろう。同社は今後、インプラントにも本格的に参入し、業績を拡大していくと見られる。

マニーは手術用縫合針で国内シェアトップ。手術用針以外に眼科治療機器、歯科治療機器も製造し、いずれもシェアが高い。

１９５６年に創業者の故・松谷正雄氏が鉄製の手術用縫合針の製造販売を開始。その後、錆に強いステンレス製の手術針の開発に成功したことが発展のきっかけになった。現在では、顕微鏡を使って行う超微細な手術に用いられる微細針などを製造している。

眼科治療機器では、眼科手術時の角膜の切開に使用される眼科ナイフが有力製品。切れ味の鋭さが評価され白内障治療用として普及している。

歯科治療機器では歯を切削するためのダイヤバーやリーマファイルといった製品が中国などの新興国向けに伸びている。

同社は医療機器の中でもニッチな製品を製造しているが、海外売上比率は71％（2015年8月期）というグローバル企業だ。また借金ゼロと財務体質に申し分はない。

（2）iPS細胞では日本が世界をリード

再生医療の市場規模は5・2兆円

外国人がわざわざ日本に治療を受けにやってくるのは、日本の医療技術に期待するからだ。怪我や病気の状況によっては世界最先端の治療を求める患者もいるはずだ。日本はiPS細胞を使用した再生医療では世界トップの技術を持つ。

怪我や病気に冒された体の器官を元通りの形や機能に戻す再生医療が実用段階に入ってき

た。再生医療の分野には膨大なビジネスチャンスがあり、経済産業省の予想では２０３０年に世界市場の規模が5兆２０００億円に達する（２０１２年は２４００億円）。

ここで、改めて再生医療について説明しておこう。病気や怪我で身体機能が損なわれた場合、義手、人工関節、人工肛門などの人工器官でカバーすることになる。しかし、元の体と同じ機能を回復することはできない。不便さがつきまとうことになる。

皮膚移植、骨髄移植、臓器移植などをすれば元の体にかなり近いレベルまで回復することが可能だ。しかし、手や足の移植はできない。

また、生きた組織や器官を移植するにはドナー（提供者）が現れるのを待たなくてはならないが、ドナーが現れたとしても、サイズが合わないことがある。サイズが合ったとしても、移植手術をした後に拒絶反応が起きて、移植が失敗してしまうこともある。

そこで、患者自身から採取した細胞から組織や器官を再生する医療が注目されている。患者の皮膚からｉＰＳ細胞を作製すると、このｉＰＳ細胞からあらゆる組織や器官を作り出すことができる。あらゆるものを作り出せるので「万能細胞」と呼ばれることもある。ｉＰＳ細胞は患者の細胞を基に作製するので、拒絶反応が起きないという大きなメリットがある。

２００６年に京都大学の山中伸弥教授を中心とするグループがマウスの皮膚細胞からｉＰＳ細胞を作製することに成功、２００７年には人間の皮膚細胞から作ることに成功した。こうした成果が評価されて、山中教授は２０１２年にノーベル生理学・医学賞を受賞した。

そして、いよいよｉＰＳ細胞を活用した再生医療が実際に始まろうとしている。何といってもｉＰＳ細胞で先行しているのは日本なので、日本の医薬・医療関係企業には大きなチャンスがある。それでは、再生医療の普及拡大に伴って成長していく企業を紹介しよう。

武田薬品と京大の共同研究

まず大手企業では医薬品業界トップの**武田薬品工業**。２０１５年に同社は山中教授の率いる京都大学ｉＰＳ細胞研究所（ＣｉＲＡ）と共同研究契約を締結。10年間で２００億円の研究開発費を提供することになった。そのほか、神奈川県藤沢市にある武田薬品の湘南研究所の設備や約50人の研究員も提供する。これを金額に換算すると約１２０億円となるので、武田薬品がＣｉＲＡに提供する負担額は合計で約３２０億円に上る。共同研究が武田薬品に大きな利益をもたらすのは間違いない。

製薬会社と大学の研究機関の提携は珍しいことではない。注目すべきは、ＣｉＲＡの研究者約50人が武田薬品の研究所に常駐するという開発スキームを構築した点だ。双方の研究者の交流が人材育成につながるだけでなく、新たな開発のきっかけになるかもしれない。

２０１５年６月、薬を開発するベンチャー企業の**ヘリオス**が東証マザーズに上場した。同社は国立研究開発法人・理化学研究所の認定ベンチャー企業だ。iPS細胞を使って、目の難病である「加齢黄斑変性」(AMD)の治療を目指している。iPS関連のベンチャー企業は多数あるが、同社はiPSベンチャーとしては上場第1号。鍵本忠尚社長は、もともと九州大学病院の眼科の臨床医だ。

業績を見ると、過去2期間は最終赤字で、今後もしばらくは赤字が続く見込み(『会社四季報』2016年2集)。開発型のベンチャー企業なので、今のところは仕方がない。

2013年には**大日本住友製薬**から出資を受けるとともに、AMD治療に使用するiPS細胞を対象にした共同開発契約を締結した。ヘリオスは最大で52億円の開発費用を大日本住友製薬から受け取ることができる。

2014年9月、神戸市の先端医療センター病院で、世界で初めてiPS細胞を使った手術が行われた。理化学研究所の研究チームが患者の皮膚細胞からiPS細胞をつくり網膜の細胞に育てた。これを先端医療センター病院の医師らが患者の右目に移植した。手術から1年以上過ぎたが、経過は良好だという。この手術で使用されたiPS細胞をつくったのはヘリオスではないが、今回の成功をきっかけに再生医療手術が普及すれば、同社の作製したiPS細胞の売り上げも伸びていく。

大日本住友製薬以外にも、iPS細胞関連事業を手掛けるいくつかの企業がヘリオスの技術力に着目して出資している。**新日本科学**、**澁谷工業**、**ニコン**などだ。こうした企業もヘリオスの成長でメリットがあるし、将来は何かしらの形で業務提携するかもしれない。

島津製作所は総合精密機器の老舗企業。分析・計測機器が主力事業だ。デジタルX線システムなどの医用画像診断機器や太陽電池製造用成膜装置など産業機器、さらにヘッドアップディスプレーなどの航空機器も製造している。研究開発に熱心な会社で、２００２年には社員研究員の田中耕一氏がノーベル化学賞を受賞した。

同社は山中教授がノーベル賞を受賞する前年の２０１１年にＣｉＲＡと共同研究契約を締結した。共同研究では、ＣｉＲＡが培養調製したｉＰＳ細胞を、同社が質量分析装置によってチェックする。

そして、２０１６年1月、上田輝久社長がｉＰＳ細胞の研究促進に役立つ計測機器の開発を強化すると発表した。具体的には、大阪大学と共同で細胞の品質を評価する画像解析装置を開発し、２０２０年度までにｉＰＳ細胞の解析事業で50億円の売上高を目指す。また、細胞の培養装置の製造にも乗り出す。

最近の同社の業績は好調で、２０１５年3月期の最終利益は過去最高額だった。当面はこうした状況が続きそうだ。

(3) 外食企業は訪日客に名前を売って海外進出

「おもてなし」はPR

来日する外国人の楽しみの一つが食事であることは間違いない。外食産業は外国人観光客のおもてなし役を担っている。日本の外食産業の市場規模は1997年の29兆1000億円をピークに縮小している。2011年から多少回復しているものの、2014年は24兆4000億円とピークから16%も少ない水準だ(公益財団法人 食の安全・安心財団)。日本では人口減少と高齢化が進んでいるので、このままでは外食産業はジリ貧だ。外食産業にとって海外からの観光客を取り込むことは非常に重要だ。また、観光客に味と店名を覚えてもらえば、海外進出がしやすくなる。外国人客に対する「おもてなし」は売り上げ拡大と、将来の海外進出のためのPRとして重要だ。それでは今後海外で活躍しそうな外食企業を紹介しよう。

国内より中国で有名なラーメン

クリエイト・レストランツ・ホールディングスはレストランや居酒屋、ショッピングセンター内のフードコートの運営を行っている。同社の特徴は和洋中のあらゆるジャンルの店を出店していること。接待や会食にも使える日本料理店から、スペインバル風の居酒屋、つけ麺屋まで揃っている。

フードコートとしては、御殿場プレミアムアウトレットモール内の「フードバザー御殿場」や東京メトロ表参道駅にあるエチカ表参道内「マルシェ・ドゥ・メトロ」などを運営している。

160以上のレストランブランドを持つため、どのような条件にも対応して出店ができる。海外の顧客は日本人客とは違った要望を持つが、同社ならば柔軟に対応できるだろう。いったん出店した店が顧客のニーズに合わなければ、違うタイプの店に切り替えることが容易だ。他の外食企業では店舗の切り替えは簡単ではない。

対応能力が高いことを活かして、海外進出も進めており、シンガポール、台湾、中国、香港に現地法人を設立し店舗展開している。海外店舗でのノウハウの蓄積は、海外でのさらなる拡大と国内店舗での外国人客への対応力強化に役立つ。

熊本県に本社を置く**重光産業**（非上場）は「味千ラーメン」のFCを全国で展開している。国内店舗数は89店だが、首都圏に店舗が少なく目立つ存在ではない。

しかし、海外では有名なラーメンチェーンで、米国、カナダ、中国、台湾、ASEAN、オーストラリアなどにFC店が692もある。特に中国では圧倒的な人気を誇るラーメンチェーンだ。

重光産業とFC契約を結ぶアジセン・チャイナ・ホールディングスが中国でラーメン事業を開始したのは2003年のこと。その後急成長し、現在では店舗数600を超えている。中国内には日系の外食チェーンが多数進出しているが、その中で味千チェーンの店舗数が最も多い。重光産業は非上場だが、アジセン・チャイナ・ホールディングスは2007年に香港株式市場に上場した。

ラーメンの元祖は中国であるはずだが、熊本風豚骨ラーメンが中国に逆上陸し大人気となっている。これは日本の外食企業の優秀さを表しているのではないか。

重光産業はアジセン・チャイナ・ホールディングスに出資もしているので、商標料以外に配当金も受け取ることができる。

ただ、中国展開のメリットはそれだけにとどまらない。アジセン・チャイナ・ホールディングスの成功を見た世界各国の華僑から、「自分の国でも味千ラーメンをやりたい」という申し出を受けることがあるという。中国での成功が、さらなる海外進出につながりそうだ。

サイゼリヤは低価格のイタリア料理のファミリーレストラン「サイゼリヤ」を直営展開している。

同社の特徴は低価格を実現するために効率的な店舗運営をしていることと、自社工場での食材生産を手掛けていることだ。

低価格で気楽に入れるレストランとして、外国人観光客にも人気がある。最近は中国でも店舗を増やしているので、中国人観光客からすれば、慣れない日本に来たときに安心して入れるレストランといえる。

２０１５年８月期末現在の店舗数は国内１０２６、海外２９０。中国、香港、シンガポールに出店している。２０１６年８月期は海外店舗が85店も増加する。その前の期は60店の増加だったので、高水準の出店が続いていることがわかる。イタリア料理は日本のオリジナルではないが、日本発のイタリア料理が海外で受け入れられている。

中国にはサイゼリヤというレストランを知らないどころか、イタリア料理にも馴染みがない、生野菜やコーヒーを飲む習慣がないという土地もある。同社はそういった地域にもどんどん出店する。しかも、日本人スタッフは少ないので、立ち上げ期間や出店後しばらくの間は苦労することが多い。しかし、本当にグローバルに仕事をしたいという人には、おもしろい仕事のできる会社といえるかもしれない。

本場を超えた？「CoCo壱番屋」

壱番屋は日本最大のカレー専門チェーン「CoCo壱番屋」（略称ココイチ）を全国に出店している。名古屋の個人経営の喫茶店が前身だが、現在はハウス食品の子会社。ライスの量、トッピング、カレーの辛さを選んで組み合わせて注文できるのが特徴。この特徴が顧客に評価されて成長してきた。

1994年にハワイ・オアフ島に海外1号店を出店したのを皮切りに、海外出店を進めてきた。特にここ数年は海外出店が加速している。現在、米国、中国、台湾、韓国、タイ、香港、シンガポール、インドネシア、マレーシア、フィリピンなど10ヵ国に162店展開している。カレーはインド料理であって日本料理ではないが、アジアや米国では日本式カレーライスが受け入れられている。

以前、インドへ出店するとのうわさがあった。本場へ殴り込むということだ。会社へ確認すると、「インドは経済成長が著しいので、将来の出店エリアとして意識はしている」とのこと。同社はシンガポール、インドネシア、マレーシアなど、インド人の多く住んでいる国で営業しているので、そういった国でのインド人客の反応などを観察しているようだ。

仮にインドへ出店する場合も、基本的なメニューは日本と同じにする。特にカレーの本場を意識して、インド風のカレーにすることはない。今すぐインド出店はないが、こんな話が出ること自体、壱番屋のレベルの高さを示している。

それでは、最後に日本の外食産業の中で海外進出の草分けと言える**吉野家ホールディングス**について解説しよう。同社は１８９９年に個人商店として東京・日本橋で創業した。海外展開は１９７５年（米国）と早い。「Ｂｅｅｆ　Ｂｏｗｌ」との商品名で展開した。牛肉が米国人に馴染みがあることと、日本食にヘルシーなイメージがあることが重なって人気が出た。

その後は、国内事業が経営不振に陥ったことから海外展開も滞ったが、１９８８年に台湾、１９９２年に中国へ出店し、２０１３年にはカンボジアにも店を出した。２０１６年２月現在、海外９ヵ国に６６３店も展開している。全牛丼店の36％が海外だ。

同社は子会社にうどんチェーンの**はなまる**（非上場）がある。はなまるは中国とマレーシア合わせて20店。てんぷらうどんは訪日客の間で人気が高いので、日本のはなまるへ行った客が自国に戻ってはなまるのリピーターになるケースもあるだろう。

（4）ネット通販を支えるのは物流業

再購入はネットで

日本で購入して良かったものを、再度買いたいと思う外国人観光客は少なくない。昔ならば再来日しないと買えないものが多かったが、今ではネット通販でお気に入りの商品を買うことができる。以前のように配達日数は長くない。

例えば、中国人がネット通販で日本の商品を購入する場合、中国内の倉庫に在庫があれば2日程度で手もとに届く。

こんなことが可能なのはどうしてか。それは物流企業の活躍があるからだ。いくらネットのシステムがしっかりしていても、実際に運ぶ業者が優秀でなければモノは届かない。

物流業者は外国人が日本に来たときではなく、帰国した後に「おもてなし」をするのだ。普段物流業界を意識する人は少ないかもしれないが、とても重要な産業だ。

何でも、どこへでも運ぶ日本通運

それでは、物流企業を紹介しよう。物流業界トップは**日本通運**。戦前は日本通運株式会社法にもとづく国営企業だったが、戦後は民間企業として再スタートした。１９６２年に米国へ進出した後は、海外展開を積極的に進めた。その結果、現在は日本のトップと言うよりも世界最大級の物流会社と言ったほうがいい存在になった。

最大の強みと特徴は「何でも、どこへでも運べること」。新幹線車両のような大型で重量の重いものも運ぶし、国宝の美術品のような壊れやすく繊細なものも運ぶ。輸送手段はトラック、鉄道、海上、航空と何でもそろっている。世界42ヵ国、６１３拠点のネットワークがあるので、運べないモノ、運べない場所はない。ここが他社と違うところだ。

物流業界について調べていると「３ＰＬ（サードパーティーロジスティクス）」という用語を見ることがあると思う。３ＰＬとは「物流業者が荷主に対して物流改革を提案し、包括して物流業務を受託する業務」と定義される。

昔の物流業界には輸送手段ごとに規制があって、事業が明確に区分されていた。例えば、トラック輸送業、鉄道輸送業、航空貨物業というように事業が区分され、それぞれの分野でそれぞれの業者が事業を行っていた。荷主が複数の運送手段を利用してモノを運びたいときは、荷主がそれぞれの事業分野の業者に別々に発注していた。

しかし、最近は規制が緩和されたこともあり、物流業者が輸送手段の組み合わせをプランニングするだけでなく、保管、荷役（にやく）、流通加工までをセットにして荷主に提案することが増えている。こうした物流業務形態を3PLという。3PLを実施するときも日本通運が有利であることは言うまでもない。多様な輸送手段とネットワーク、そして長い歴史の間に積み上がったノウハウで他社よりも優位に立つことができる。

倉庫会社を誤解するな

次に説明するのは倉庫会社。倉庫会社というと単に建物の中に貨物を預かっているだけの企業だと思っている人が多いのではないか。実際はそうではない。「倉庫」と社名についているために勘違いをするかもしれないが、大手の倉庫会社は総合物流企業だ。

もちろん保管業務は行う。そして保管貨物をトラックや船舶に積み込む「荷役」という業務も行う。大手倉庫会社ならばトラック、鉄道、海上、航空などの輸送業務も遂行する。ただ単に倉庫内に貨物を置いておくのではなく、荷主からの要請があれば、値札をつけたり、包装したりすることもある。

また、貨物の種類によって保管法を変えなくてはならない。保管とは決して簡単な業務ではないのだ。例えば、危険な薬品や化学品を保管する場合は、そのためのノウハウと設備が必要だ。不手際があれば大事故になる。食品を保管するには温度管理に長(た)けていなくてはならない。温度管理でミスをすれば食品が売りものにならなくなってしまう。

どういった貨物を保管するのが得意なのかによって社風が変わってくるだろう。

大手の倉庫会社は設立が古い会社が多く、所有する土地が多いので、不動産賃貸や分譲などの事業を行っていることが多い。超一等地に不動産を保有していることもあるので、ひとたび再開発となれば、かなりダイナミックな仕事に携わることもできるだろう。

倉庫業界トップは**三菱倉庫**。設立は1887年。1931年に日本で初めてトランクルーム事業を開始した。その後、不動産事業に進出し、コンピュータ専用ビル、オフィスビル、商業施設、マンション分譲などを展開。

売上高は倉庫・物流部門のほうが圧倒的に大きいが、営業利益は不動産部門のほうが多いという事業構造になっている。今後はニーズの高い医薬品物流を強化していく方針だ。

主要な冷蔵倉庫会社は売上高の大きい順にニチレイ、**横浜冷凍**、キユーソー流通システムの3社。ここでは2位の横浜冷凍を取り上げる。登記上の社名は「横浜冷凍」なのだが、普段はヨコレイと呼ばれることが多い。

主要事業は食品販売と冷蔵倉庫業だ。水産・畜産品を海外から輸入して販売しており、売上高は圧倒的にこちらが大きい。しかし利益に貢献しているのは冷蔵倉庫業だ。地価の安いときに土地を仕入れて着々と倉庫を増やし、業績を伸ばしてきた。

同社の特徴は、タイで冷蔵倉庫事業を熱心に展開していること。1989年に現地法人を設立してから着実に事業を拡大させ、現在ではタイの冷蔵倉庫シェアナンバーワン企業だ。すでにタイから日本への食品輸入は多いが、ＴＰＰが発効すれば、タイからの輸入がさらに増えるだろう。そうなると、冷蔵倉庫の需要も高まり、同社の業績は拡大するだろう。タイには強力なライバルがいないので、タイでさらに成長することはもちろんだが、ベトナム、カンボジア、ラオスなど周辺の国々への進出も期待できる。

（5）こんな企業も訪日客をおもてなし

自販機を楽しむ外国人

外国人は日本の自動販売機に驚く。なんといっても街中の設置台数が多いし、扱い品目が多彩だ。２０１４年末で日本全国にある自販機の台数は約５０４万台（日本自動販売機工業会調べ）。絶対数では米国のほうが多いが、人口や国土面積を勘案すると日本の台数が実質世界1位といえる。

日本の自販機の約半数は飲料自販機だが、海外の人には考えられないような商品を販売する自販機も多い。例えば、おでん、ラーメンなどの食品や、下着、電池などの生活用品を売る自販機がある。また、駅など人が多く集まる場所には、生花やカサの自販機まである。これだけいろいろな機種があるので、自販機で買い物することを楽しむ外国人は少なくない。

また、最近は多言語対応の食券自販機を設置している飲食店がある。多くの外国人客が飲食店で「メニュー表記がわからない」「注文の仕方がわからない」と困っているし、店員も説明するのがたいへんだ。外国語対応の食券自販機があればスムーズに注文できる。

牛丼の松屋フーズは２０１６年から多言語対応食券自販機を設置した。日本語以外に英語、中国語、韓国語で注文できる。メニュー画面には写真も映し出されるので日本語がわからなくても簡単に注文できる。

海外では、自販機内の商品やおカネを盗まれたり、自販機が破壊されたりする懸念があるので、自販機を置けるエリアが限定されてしまい、設置台数は多くない。日本では多種多様な自販機が、多種多様な商品を24時間販売しつつ訪日外国人を歓迎しているのだ。

コンビニのコーヒーマシン

自動販売機を製造している企業のトップは**富士電機**。飲料・食品・たばこ・物品用などさまざまな自販機を取り揃えている。最近はコンビニエンスストアでセルフ式のドリップコーヒーが人気だが、最初に始めたのはセブン‐イレブン・ジャパン。そのセブン‐イレブンに設置されているコーヒーマシンは富士電機のものだ。料金はレジで支払うので、純粋な自販機というわけではないが、同社の自販機の技術が活かされている。

同社の主力事業は発電関連の大型電気機器の製造で、売上高は８１０７億円。２０１５年３月期の最終利益は２８０億円と過去最高額だった。

大型電気機器を製造する企業を重電機器メーカーと呼ぶが、富士電機の売上高は、重電機器メーカーの中で日立製作所、東芝、三菱電機に次ぐ第４位。重厚長大産業で女性が少ない企業でありながら、女性の働く環境が整備されていることでも定評がある。

業界シェアや技術力、働く環境のわりには学生の人気が低い。東洋経済新報社と文化放送キャリアパートナーズの共同調査では、就職人気ランキング上位３００社にも入っていない。おそらく、多くの学生は富士電機の実態を知らないのだろう。上位3社に比べると知名度が低いが、堂々たる大手優良企業。内容がいいのに人気がないならば、かえって狙い目の会社かもしれない。

カーエアコン部品で世界シェア第2位の**サンデンホールディングス**も自動販売機を製造している。飲料、お菓子、パンなどさまざまな商品を販売する自販機をそろえているほか、手回しで自家発電可能な自販機も製造している。本社は群馬県だが、売上高３０６９億円のうち海外売上比率が64%というグローバル企業だ。そのほか、**クボタ**、**高見沢サイバネティックス**、**パナソニック・アプライアンス社**（非上場）なども自販機製造を手掛けている。

お家芸の「おもてなし」で伸びる企業

〈医療観光〉	
（医療機器）	
オリンパス	医療機器メーカー国内首位。消化器内視鏡の世界シェアは70%超。デジカメは国内３位。
テルモ	医療機器メーカー国内第２位。カテーテルでは国内１位、世界４位。注射器なども。
東海メディカルプロダクツ	バルーンカテーテルを製造。TBSドラマ「下町ロケット」のモデルと言われている企業。
ナカニシ	「ハンドピース」と呼ばれる歯科治療機器では米国・EUを中心に世界130ヵ国以上に進出。
松風	人工歯、研削材、歯科治療に使う合成樹脂、歯の治療機器を製造。英国と中国に生産拠点。
マニー	手術用縫合針で国内トップ。眼科治療機器、歯科治療機器も製造。海外売上比率が高い。
（iPS細胞関連）	
武田薬品工業	国内医薬品業界トップ。京都大学iPS細胞研究所と共同研究契約を締結し約320億円を提供。
ヘリオス	理化学研究所の認定ベンチャー企業。目の難病「加齢黄斑変性」の治療を目指す。
大日本住友製薬	ヘリオスとiPS細胞で共同研究契約、最大52億円を提供の可能性。住友化学の子会社。
新日本科学	ヘリオスの主要株主。京都大学iPS細胞研究所と共同研究。前臨床試験受託の最大手。
澁谷工業	ヘリオスの主要株主。細胞培養や細胞調製を行う再生医療関連装置を製造。石川県に本社。
ニコン	ヘリオスの主要株主。iPS細胞を受託生産。同社製の検査装置がiPS細胞研究に使用される。
島津製作所	分析・計測機器が主力事業。2011年に京都大学と共同研究契約を締結。航空機器も製造。
〈外食〉	
クリエイト・レストランツ・ホールディングス	160以上のレストランブランドを持つ。ショッピングセンター内のフードコートの運営も。
重光産業	国内89店、海外692店のラーメンFC。中国内の日系外食チェーンで店舗数最多。
サイゼリヤ	低価格イタリア料理のファミレス「サイゼリヤ」を直営で全国出店。海外出店に積極的。
壱番屋	日本最大のカレー専門チェーン「CoCo壱番屋」を全国に出店。ハウス食品の子会社。
吉野家ホールディングス	牛丼業界２位。1975年の米国を皮切りに海外出店を進める。2013年カンボジアに出店。
はなまる	吉野家ホールディングス子会社のうどんチェーン。中国とマレーシアに合わせて20店。

〈物流〉	
日本通運	世界最大級の物流会社。世界42ヵ国に613拠点のネットワークがある。戦前は国営企業。
三菱倉庫	倉庫業界トップ。不動産事業で利益を稼ぐ。今後はニーズの高い医薬品物流を強化。
横浜冷凍	水産・畜産品の輸入販売と冷蔵倉庫業が主力事業。国内冷蔵倉庫２位だが、タイでは1位。
〈自動販売機〉	
富士電機	自販機製造トップ。重電機器メーカー４位。セブン－イレブン設置のコーヒーマシンを製造。
サンデンホールディングス	カーエアコン部品で世界２位。手回しで自家発電可能な自販機も製造。海外売上比率が高い。
クボタ	飲料・たばこ自販機を製造。海外向け自販機も。鋳鉄管、ミニショベルは国内首位。
高見沢サイバネティックス	駅の自動券売機、乗り越し精算機、ICカードへのチャージ装置のほか硬貨計算機などを製造。
パナソニック・アプライアンス社	飲料用と食品用の自販機を製造。業務用冷蔵庫やスーパー向けショーケースも手掛ける。

第五章　急成長！　技術力が高く買われる企業

（1）環境保護に貢献する鉄道ビジネス

壮大なインドの高速鉄道計画

環境関連というと皆さんは何を想像するだろうか。太陽電池や風力発電などのクリーンエネルギーか、それとも電気自動車、ハイブリッド車といったエコカーか。こうしたシステムや製品が環境保護に大いに貢献しているのは言うまでもない。

しかし、ここでは誰もが思いつく環境関連企業ではなく、環境関連としての「鉄道ビジネス」を紹介する。

ここ数年、世界では輸送手段を自動車から鉄道に切り替える動きが活発化している。鉄道は地球温暖化につながる二酸化炭素の排出量が自動車に比べてはるかに少ないし、自動車のように排気ガスをまき散らすこともない。また、多くの国々では交通渋滞が深刻な問題となっているが、鉄道ならば渋滞なしに効率的にたくさんの荷物や人間を運ぶことができる。

経済成長著しいインドでは総延長４６００km超の高速鉄道網構想がある。広大な国土の主要都市を日本の新幹線のような高速鉄道で結ぼうというのだ。

日本の新幹線の総延長は２７６５kmなので、インドの計画がいかに壮大であるか理解していただけると思う。

そして自動車大国のイメージの強い米国でも高速鉄道網を整備しようとしている。例えば、テキサスのダラス～ヒューストン間（400㎞）や、首都ワシントンDC～ニューヨーク間（370㎞）を結ぶ計画がある。その他の国々でも高速鉄道への関心は高まっており、ここにビジネスチャンスがある。

受注競争で負け続けることはない

2008年から日本は官民一体でインドネシアへ高速鉄道の売り込みを図っていた。しかし、2015年9月、インドネシア政府は日本との交渉を白紙撤回し、中国の高速鉄道を導入することにした。日本が中国に敗れたのは、中国のプランのほうがインドネシア政府の財政負担がはるかに小さかったことと、中国が高速鉄道以外の経済協力を提案したからだ。簡単に言えば、インドネシアは金額的に安いプランを選んだに過ぎない。日本の高速鉄道技術が中国に負けたのではない。

中国の高速鉄道といえば、2011年7月に浙江省で追突事故を起こし、車両が二十数mの高架から落下、40人が死亡、200人が負傷した。しかも、中国政府は事故の原因を調査するよりも先に、落下した列車を土中に埋めてしまった。落雷が事故原因だと発表されているが、不明な点が多い。

これに比べて、日本の新幹線は１９６４年の開業から人身事故はゼロ。重大な事故が起きた場合、日本ならば詳細な調査をするだろう。事故の数日後に事故車両を埋めてしまうなど考えられない。

２０１５年12月、日本とインドは首脳会談で、インドの高速鉄道案件において日本の新幹線方式を採用することで合意した。日本が受注するのは、インドに複数ある高速鉄道計画のうち、インド最大の都市ムンバイと工業都市アーメダバードを結ぶ、約５００㎞の区間だ。最高速度は時速３２０㎞で、所要時間は現在の約8時間から2時間程度へ大幅に短縮される。

最近、中国企業が受注した大型インフラ案件では工事の延期などのトラブルが続出している。先述したインドネシアの新幹線は２０１５年中に着工し、２０１８年完工、２０１９年開業の予定だったが、着工は２０１６年半ばに延期となった。こうした状況を見ると、今後、日本が中国に負け続けることは予想しにくい。

日本が新幹線システムを輸出する場合、政府、ＪＲグループ、車両メーカー、総合商社などが組んでプロジェクトを進める。ＪＲグループ、車両メーカー、総合商社などは誰もが知っている大企業だが、私が注目するのは車両部品や鉄道関連機器メーカーだ。

日本の新幹線が高速鉄道で世界トップレベルにあるのは、ＪＲグループや車両メーカーのみが優秀だからではない。車両部品・鉄道関連機器メーカーも極めて優秀だからレベルが高いのだ。それでは車両部品・鉄道関連機器メーカーを紹介しよう。

東京〜新大阪間を5分短縮

新幹線車両のドア開閉装置を製造しているのは**ナブテスコ**。同社が新幹線用のドア開閉装置をほぼ独占しているだけでなく、ブレーキも製造している。

新幹線が最高速度を維持したままカーブを通過することができるのは車両に車体傾斜システムが採用されているからだが、このシステムに同社の「車体傾斜電磁弁装置」が使われている。この「車体傾斜電磁弁装置」のおかげで、東京〜新大阪間の所要時間が5分短縮された。そして、カーブでの加減速回数が減少するため、電力節約にも貢献している。

同社は鉄道関連の製品のみを生産しているのではない。自動ドアや産業ロボットの関節部分に使用される減速機では世界シェアトップクラスだ。

２０１５年11月に試験飛行が成功した三菱リージョナルジェット（ＭＲＪ）は、半世紀ぶりの国産旅客機として大きな話題となった。ナブテスコはＭＲＪの部品も製造している。操縦席からの指示通りに主翼や水平・垂直尾翼の舵を動かしたり、脚の出し入れをコントロールしたりする精密機器であるアクチュエーターという部品だ。ナブテスコはアクチュエーターの分野でも世界トップクラスで、同社の製品がボーイングの主要機種にも採用されている。売上高の44％以上は海外向けというグローバル企業で、財務体質も良好だ。

ブレーキといえば、**曙ブレーキ工業**。新幹線のディスクブレーキにおいて高いシェアを占めている。同社は１９５０年に国鉄（現ＪＲグループ）の依頼で鉄道ブレーキの研究を開始した。１９５８年に同社の製品が新特急「こだま」に採用されて以来、同社の製品がさまざまな鉄道車両に装着され続けている。

また、愛知県の愛知高速交通の東部丘陵線リニアモーターカー「リニモ」は同社のブレーキを搭載している。２０４５年、東京～大阪間にリニアモーターカーが開通したときには、同社のブレーキが採用されているに違いない。リニア時代に向けて布石は打ってあるということになる。同社は自動車用のブレーキの有力メーカーでもあり、国内外の自動車メーカーが同社のブレーキを搭載している。海外売上高比率は68％と、グローバルに活躍している企業だ。

車両の内装材を作っているのは繊維業界の名門企業である**住江織物**。具体的に言うとシートの表皮材、シートクッション、壁装材、床材までを手掛けている。全国のＪＲ、地下鉄、私鉄、第三セクターなどあらゆる鉄道会社に納入している。最近では、２０１５年開通の北陸新幹線に同社のロールスクリーン、シートの表皮材が採用された。余談になるが、国会の赤じゅうたんも同社の製品だ。

定時運行を支えるトイレ

新幹線のトイレで水を流すと「プシュッ」という音とともに水が吸い込まれていく。「プシュッ」という音は真空式トイレの特徴だが、新幹線に備え付けられている真空式トイレを製造しているのが**五光製作所**（非上場）。

真空式トイレはスウェーデンのＥＶＡＣ社が開発したのだが、五光製作所は独自の工夫を加えて品質を向上させている。トイレが汚れていては鉄道会社のイメージを損なう。そして、トイレ清掃やメンテナンスに時間がかかると、定時運行に支障が出てしまう。同社の真空式トイレが新幹線の定時運行を陰ながら支えているともいえる。

車両の足回り部分の部品を製造しているのは、いわゆる部品メーカーではなく、鉄鋼メーカー。言うまでもないが重量の重い車両が高速走行するので、車輪をはじめとした足回り部分には過大な負担がかかる。高負担に耐える足回り部品を作るには鉄鋼メーカーの技術が必要なのだ。

この分野で強いのは**新日鐵住金**。言わずと知れた国内第1位、世界第2位の有名鉄鋼メーカーだ。

新幹線の車体は車輪やブレーキなどを備えた2つの台車に載っている。イギリスで初めて鉄道が誕生した頃には、車体に軸を通してそこに車輪を取りつけていた。その後、スムーズにカーブを曲がったり、快適な乗り心地を確保したりするために台車の上に列車を載せる方式に変更した。

新日鐵住金は車輪と車軸では国内シェア100%。車輪と車軸を組み込んだ台車でも高いシェアを持っている。ブレーキディスクも製造しているが、ほとんどの新幹線で同社の製品が採用されている。そのほか、1924年から車両と車両をつなぐ連結器の製造を開始、国内で高いシェアを誇るだけでなく、海外の鉄道にも採用されている。

また、車両部品以外にレールも製造している。今後、新幹線が海外に輸出されれば、レールの販売も伸びる。

海外では貨物輸送の手段として鉄道が利用されることが多い。資源国では輸送の効率化を進めており、一度に輸送する貨物の重量が増加している。輸送条件が過酷さを増すのに伴い、レールの耐久性向上が求められている。

同社は、鉄鋼中の炭素を増加させたレールを開発し、使用寿命の大幅な向上を達成した。今後は、同社製の車輪とのマッチングを考慮したレールの材料開発を推進していく。

ちなみに大阪に**ホンマ・マシナリー**（非上場）という工作機械メーカーがある。実は新幹線のすべての車輪は同社の工作機械によって製造されている。新幹線の車輪の重量は３００kg、直径は８６０㎜。これだけの大きさのものを１０００分の１㎜の精度で加工しなければならない。こんなことができる工作機械を作っているのは同社だけだ。同社の工作機械が日本国内のすべての鉄道用車輪の加工に使用されている。

また、新幹線のポイント切り替え部分に使われるすべてのクロッシングレールも、同社の工作機械によって製造されている。線路の切り替えポイントに使用されるクロッシングレールは安全面から特殊な鋼材が使用される。極めて硬い鋼材なので加工するのが難しいが、同社の工作機械ならば設計通りに加工することが可能だ。

さらに明石海峡大橋の建設や原子力発電所の炉心加工などでも、同社の工作機械が使われている。同社の資本金は４９００万円、従業員１４０人と規模は大きくないが、高い技術力を持った有力企業だ。

パンタグラフ開発の風洞試験

台車は走行する際に激しく振動するので、その振動を吸収して車体を守るダンパーという部品が必要になる。安全のための走行安定性と快適な乗り心地を確保するために、なくてはならない部品だ。このダンパーを製作しているのがＫＹＢ。

同社は鉄道関連の製品だけを手掛けているのではない。自動車の衝撃緩衝器で世界シェア第2位、建設機械の油圧シリンダーでは第1位だ。オートバイや航空機向けの部品も生産している。海外売上比率は52％のグローバル企業だ。

車両の振動に対応して乗り心地を良くするためには、防振ゴムや空気バネも必要だが、こうした部品を作っているのが、**東洋ゴム工業**と**住友理工**。東洋ゴム工業は国内のタイヤ業界で売上高4位。２０１５年に建物の免震ゴムや鉄道・船舶向けの防振ゴムでデータ改竄（かいざん）が発覚。イメージダウンが著しいが、業績は堅調に推移している。

住友理工は住友電工の子会社で、同社の防振ゴムは国内の新幹線だけでなく、海外の鉄道車両にも採用されている。自動車用の防振ゴムも製造しており、販売先はトヨタ自動車を始めとする大手自動車メーカー各社。

東洋電機製造は電車用パンタグラフ製造の最大手企業。パンタグラフとは電線から車両に電気を取り入れる装置。誰でも車両の屋根にパンタグラフがついているのを見たことがあるだろう。菱形をした形状はとてもシンプルに見えるが、実はいろいろな技術とノウハウが詰まっている。

パンタグラフは電線と安定的に接している必要があるが、新幹線の時速は２００㎞を超えるため、風力によってパンタグラフが浮き上がり電線を損傷させる可能性がある。そこで、風洞試験や走行試験を繰り返して、最適な圧力で電線に接することができるパンタグラフを設計・製造している。そのほか、同社ではＰＡＳＭＯなどＩＣカード対応駅務機器なども手掛けている。

森尾電機は鉄道車両向けを中心に電気機器を製造している。新幹線に乗っていると、車両と車両をつなぐ自動ドアの上に次の停車駅名が表示されたり、新聞社提供のニュースが表示されたりするのを見たことがあるだろう。１９８４年に日本で初めて同社の車内表示器が東海道新幹線に採用され、現在では通勤電車に至るまで多数の車両に採用されている。

また、車両外側の側面にある行き先表示器には、行き先と列車名が表示されている。そのほか、通勤列車の場合、車両の先頭に行き先と列車名が表示されている。同社は１９６５年に字幕式行き先表示器を製作。１９８８年には日本で初めて同社の３色ＬＥＤ式行き先表示器が電車に採用され、現在ではフルカラーＬＥＤ式表示器を製造している。

運転士が運転するときに操作する運転台装置や、車掌がドアの開閉などの操作をするとき使用するスイッチをまとめたスイッチユニットの製造も手掛けている。

新幹線に限らず、どんな車両の先頭にもヘッドライトがついているが、このヘッドライトを製造しているのも同社だ。さらには、運転士に不測の事態が発生し、運転操作が不能になったときに自動的に非常ブレーキをかけるためのＥＢ（緊急列車停止）装置も同社のラインナップの一つ。同社の製品は電車が安全に走行するため、乗客が快適に利用するためになくてはならないものばかりだ。

日本の新幹線輸出第1号の台湾高速鉄道には同社の行き先表示器、蛍光灯、配電盤、床下配電箱など多数の電気機器が採用されている。そのほか、ニューヨーク地下鉄やシンガポール地下鉄にも多数の電気機器を納入した実績がある。こうした経験は今後の海外展開に活かされることだろう。

Ｋ－ホールディングスも車内表示器や車両外側の行き先表示器を製造しているほか、列車の発車時刻・行き先・乗車ホーム等をリアルタイムに案内する駅関連情報機器も手掛けている。最近では北陸新幹線などにＬＥＤ室内灯を納入した。

森尾電機と違うのは車両用シートを製造していることだろう。ＪＲ東海と座り心地についての共同開発を行い、７００系のぞみのグリーン車と普通車用のシートを納入しているほか、ＪＲ東日本あさま向けやＪＲ西日本のオーシャンアロー２８３系向けのシートも製造している。

モーターの回転を車輪に伝える部品が車軸（シャフト）。その車軸を支える部品が軸受けだ。回転する部分がある機械には必ずといってよいほど使用されている。軸受けは、車軸を滑らかに回転させることで、摩擦によるエネルギーの損失を防ぎ、発熱を減らす役割を担っている。軸受けの性能が低いと電車は故障してしまう。

軸受けを製造している大手企業が、**ジェイテクト、日本精工、NTN**。この3社は軸受け大手3社と呼ばれている。3社の中で最も規模が大きいのがジェイテクトで、売上高は1兆3559億円。トヨタ自動車が筆頭株主で、軸受けの販売先は自動車メーカーや産業機械メーカー向けが多い。品質管理の厳しいトヨタ自動車に製品を納入することは、同社の開発力や品質維持能力の向上につながる。

第2位の日本精工は売上高9749億円。日本で最初に軸受けを製造したのは同社。軸受けの生産で培ってきた精密加工技術を利用し、自動車部品、精機製品の分野にも進出するなど、多角化も進めてきた。新幹線用の軸受けは当初の0系から最新のN700系に至るまで数多くの採用実績があり、2015年開業の北陸新幹線や2016年開業の北海道新幹線の車両にも採用された。

第3位のNTNは売上高7019億円。自動車向けの比率が高いが、風力発電向けや鉄道車両向けなど大型軸受けの育成にも力を入れている。世界シェア第2位の等速ジョイントや世界シェアトップのハブベアリングなど、競争力の強い製品を持っている。なお、3社とも海外売上比率が60％以上のグローバル企業だ。

鉄道関連機器は縁の下の力持ち

日本信号、**京三製作所**、**大同信号**の3社は信号3社と呼ばれている。この中で売上高の一番大きい日本信号は、信号システムだけでなくホームからの落下を防止するためのホーム柵や自動改札機、券売機なども製造している。さらに列車の出発時刻や行き先を告知する表示器も手掛けている。

売上高2位の京三製作所もホーム柵を作っている。いかに性能の良い鉄道車両があったとしても信号3社のような企業がなければスムーズな運行は不可能だ。

鉄道関連でもう一つ挙げたいのが**オムロン**。オムロンといえば、血圧計、電動歯ブラシ、体温計などのヘルスケア関連のイメージが強いだろう。しかし、オムロンの全売上高8473億円のうち、ヘルスケア関連は12％に過ぎない。同社の主力製品はセンサーやコントローラーといった制御機器や、電子部品、自動車部品、社会インフラ装置なのだ。

その中で注目されるのは、社会インフラ装置の中の自動改札機だ。ＰＡＳＭＯやＳｕｉｃａなどのＩＣカードのシステムをつくったのはオムロンなのだ。

乗降客が自動改札機にタッチしたら即座に情報を感知して、扉を閉めるか開けるかを判断しなければならない。お金を払っているのに閉じ込めたら問題だし、お金を払っていない人を外に出してしまっても問題だ。

体の大きい人もいれば小さい人もいるし、人と人の間隔は非常に詰まっている。大きい荷物を持っている人もいる。自動改札機はいろいろな状況に対応して、間違えずに扉を開けたり閉めたりすることができる。

自動改札機は一分間で70人が通ることができる。一秒に1人よりも多い。オムロンの自動改札機は、世界の鉄道網拡大につれて売り上げが拡大していくことだろう。

(2) 実は完成品よりも素材や部品のほうが圧倒的に強い

アナログこそが日本企業の強み

パソコンやスマホなどのデジタル製品の分野では、日本製品よりも中国、韓国、台湾などの製品のほうが売れているイメージが強いのではないだろうか。実際に日本のデジタル製品は新興国に圧倒されているが、日本の製造業の将来を悲観する必要はない。アナログ技術で作る素材分野では、日本メーカーが圧倒的に強く、新興国メーカーの追随を許さない。素材とは鉄鋼・非鉄金属・化学・繊維などのことだ。デジタル製品は、設計図があれば誰でも作ることができる。しかし、素材は設計図だけでは製造できない。

日によって気温や湿度は異なるし、原料の品質がいつも同じとは限らない。こうした変動要因に配慮しながら、同じ品質の素材を製造するにはさまざまなノウハウが必要だ。ノウハウには数値にできない感覚的なものもある。働く人から働く人へ一緒に働きながら直接伝えなければ、決して伝わらないノウハウがある。こうしたノウハウは設計図に書かれていないし、また書くことが不可能だ。

例えば、最近MRJ（三菱リージョナルジェット）の初飛行成功でも話題になった炭素繊維の場合、原料となるアクリル繊維を約300℃の耐炎化炉、約2000℃の炭化炉、約3000℃の黒鉛化炉と、3つの炉を経て蒸し焼きにし、炭素繊維以外の元素を脱離させて作る。しかし、この工程を知っているだけでは炭素繊維を作ることはできない。それぞれの炉の形や原料の量、温度調整に関するノウハウが必要なのだ。

日本製の鉄鋼の品質には定評がある。新興国の鉄鋼メーカーが日本製の鉄鋼を分析すれば成分を知ることはできる。それでは新興国メーカーが日本製と同じ品質のものを作ることができるのか。できない。成分の混ぜ方や設定温度などが重要なノウハウであり、新興国メーカーはこういったノウハウを持っていない。

日本の素材製造現場は日本ならではの「匠の世界」なのだ。「匠の世界」を持たない新興国に日本と同品質の素材を作ることは難しい。

夢の新素材で日本の3社が圧勝

炭素繊維とは軽くて、強くて、錆びないという夢の新素材だ。重さは鉄の4分の1だが、強度は10倍もある。熱にも強いだけでなく、成形しやすく、電気を伝えやすい一方で、電磁波遮断性が高い。

炭素繊維協会のＨＰには「ほとんど炭素だけからできている繊維といえます。衣料の原料などでお馴染みのアクリル樹脂や石油、石炭からとれるピッチ等の有機物を繊維化して、その後、特殊な熱処理工程を経て作られる……」と書いてある。

炭素繊維は１９７０年代からゴルフのシャフト、テニスラケットなどスポーツレジャー向けに使われてきた。優れた素材ではあるが、成形に時間がかかることや価格が高いことから用途が広がらなかった。ところが、ここ数年、航空機や自動車向けが注目されている。

炭素繊維分野では日本企業が圧倒的に強い。**東レ**、**東邦テナックス**（非上場）、**三菱レイヨン**（非上場）の3社で世界需要の7割を押さえ、日系メーカーの独壇場だ。

市場第1位の東レが生産した炭素繊維は、２０１１年にボーイング７８７の機体構造の50％に採用され大きな話題となった。その後、２０１４年にはボーイングに1兆円分の炭素繊維を納入する契約を結んだ。

自動車向けでは、２０１４年にトヨタ自動車が発売した燃料電池車ＭＩＲＡＩに同社の炭素繊維が使用されている。燃料電池車などエコカーでは、重量の重い電池が備え付けられるため、重量の軽い炭素繊維を使用することが必要となる。特に欧州では２０２０年に向けて燃費規制が強化されるため、車体の軽量化は必須。今後、自動車向けにも炭素繊維の売り上げが伸びていく。

さらに、２０１５年に初飛行に成功して注目されたＭＲＪでは、炭素繊維で尾翼部品を製造し三菱重工業に納入した。

第2位の東邦テナックスは上場企業ではなく、帝人の子会社。東京都千代田区に本社を置く炭素繊維メーカーで、生産高は世界第2位。主力製品である炭素繊維は、風力発電のブレード（羽根）や高圧タンク向けなどの産業用途のほか、欧州エアバス社の超大型旅客機エアバスＡ３８０を始めとした航空・宇宙分野向けに出荷されている。

第3位に甘んじていた三菱レイヨンは2位浮上を狙っている。同社の炭素繊維はＢＭＷが製造するＢＭＷ ｉ3に採用されたほか、２０１５年にはエアバス社の新型機用のエンジン部材に採用されたことを発表した。東邦テナックスがエアバス向けに実績を積んできたが、同社もエアバスとの関係を強化しようとしている。炭素繊維の需要が伸びているため、同社では海外での生産能力を高める方針で、計画通りに進めば２０２０年には東邦テナックスを抜くことになる。

炭素繊維が工業生産されるようになったのは１９６０年代後半で、70年代から80年代にかけて欧米や韓国の化学メーカーが相次いで参入。90年頃には全世界で16社まで増加した。しかし、その後は販売量が伸びないことから撤退が続出し、現在メインプレーヤーと呼べる企業は全世界で８社程度。

日系３社は40年にわたる赤字に耐えてきた。欧米企業のように短期的な成果を追うのではなく、あきらめずに地道に開発を続けるという日本メーカーの姿勢が今日の成功につながったといえる。

注目の高張力鋼

炭素繊維が素晴らしい素材であることは分かっていただけたと思うが、それでは鉄鋼は使われなくなってしまうのだろうか。そんなことはない。日本製の鉄は高品質であるが、さらに高性能化が進んでいるのだ。鉄は強くて安いという長所があるが、重いという短所がある。

鉄の主な使途のひとつに自動車がある。燃費を重視する自動車にとって、重いというのは大きな欠点だ。鉄板を薄くすれば軽くなるのは当然だが、それでは強度が落ちてしまう。強度が低ければ自動車には使用できない。

そこで、各鉄鋼メーカーは強度を維持しながら薄く軽量化することを進めている。薄くても強度の高い鉄を「高張力鋼」という。通常、高張力鋼は硬度が高い分、プレス加工が難しいという欠点があるが、**新日鐵住金**や**ジェイ エフ イー ホールディングス**など日本の鉄鋼メーカーは、強度と成形しやすさを両立させた高張力鋼を生産する技術を持っている。

東京スカイツリーの主柱には、ジェイ エフ イー ホールディングスの高張力鋼が採用された。東京スカイツリーは地上幅と高さの比率が1対9（東京タワーは1対4）と不安定な構造だが、震度7の地震にも耐えられる。高耐震性に貢献しているのが同社の高張力鋼であることは言うまでもない。

今後、鉄と炭素繊維が切磋琢磨しながら、品質とコスト対応力を向上させていくだろう。

電子部品はノウハウの塊

電子部品とは電気製品に使用される部品のこと。パソコンやスマホ、テレビなどの電気製品と違って目立たない。学生の間では部品メーカーよりもパソコンやスマホ、テレビなどの最終製品をつくっている会社のほうが人気がある。そもそもどんな電子部品メーカーがあるのかも知らない学生が多いのではないか。

しかし、収益性や成長性から見ると、電気製品を組み立てている企業よりも、電子部品を製造している企業のほうが先行き有望だ。

パソコンやスマホなどを製造するのはそれほど難しくない。部品を買ってきて、組み立てればできてしまう。簡単なので、技術競争ではなく価格競争に陥ってしまう。となると、人件費の高い日本メーカーは不利で、どうしても人件費の安い中国、韓国、台湾メーカーのほうが有利になる。

中国、韓国、台湾の企業がいろいろなパソコンやスマホをつくっているが、その中身を見てみると日本製の部品がたくさん詰まっている。例えば、韓国サムスン電子の製品は優れていると言われるが、サムスン製のスマホの中には、日本の部品がたくさん詰まっているのだ。

実は日本の電子部品というのは、独自技術とノウハウの塊。中国、韓国、台湾のメーカーは、日本のような高品質な電子部品をつくることができない。日本製の電子部品を抜きに高性能の電気製品を製造することは不可能だ。

日本企業がつくる電子部品は品質が高いので、安売りをする必要がない。だから利益を稼ぐことができる。儲けたおカネを研究開発や設備投資に回せるので、さらに品質の高い電子部品をつくることができる。高品質な電子部品はよく売れるので、さらに利益を稼ぐことができる。当然ながら借金は少ない。非常にいい循環が出来上がっている。
京都に本社のある**村田製作所**は、スマホに使用されているさまざまな部品をつくっている。電気を蓄えたり放出したりする機能を持つセラミックコンデンサーという部品は世界シェアナンバーワン。ノイズを除去するために使用されるＥＭＩ除去フィルタという部品も世界シェアナンバーワン。村田製作所は、こういった競争力のある部品をたくさん持っているので、過去10年間で営業赤字になったのは1回だけ。それも１００年に1度の経済危機と言われたリーマンショックで世界経済が冷え込んだ２００９年３月期のこと。あのタイミングで赤字は仕方ない。２０１１年３月の東日本大震災は１０００年に1度の震災だったが赤字にはならなかった。借金は非常に少ないし、売上高の92％が海外向けというグローバル企業だ。２０１５年３月期の最終利益は過去最高だった。
京セラは総合電子部品メーカーで、電子部品のほかに太陽電池、通信機器、プリンタ・コピー機も手掛けている。創業者の稲盛和夫氏が日本航空の再建で活躍するなど有名だが、同社が電子部品を生産していることを知らない人が多いのではないか。
同社は、スマホに使用されるセラミックパッケージという電子部品を生産している。同社のセラミックパッケージの世界シェアは80％。ダントツの世界ナンバーワンだ。過去10年間、赤字は1回もない。

ＴＤＫも村田製作所や京セラと同様に売上高が1兆円を超える大企業だ。同社のＨＤＤ用磁気ヘッドは世界シェアナンバーワンで収益の柱。セラミックパッケージも作っていて世界シェア第3位。最近は自動車向けにも電子部品の売り上げが伸びている。過去10年間で営業赤字になったのは、リーマンショック時の２００９年3月期のみ。

日本電産はモーターの総合メーカーだ。精密小型モーターや中型モーターの製造が得意で、ＨＤＤ用モーターの世界シェア80％で首位。そのほか、家電・ＡＶ用ファンモーターやＣＤ・ＤＶＤ用モーターなども世界シェアトップだ。

同社の製品はＩＴ・ＯＡ機器、家電・ＡＶ製品などはもちろん、自動車、ロボット、鉄道車両などにも使用されている。また、太陽光・風力発電システムや、工場で使われる産業機械にも採用されている。

１９７３年の創業以来、創業者・永守重信氏の経営手腕を軸に成長してきた。永守氏は他社を買収して、育成していくのがとても上手な経営者だ。永守氏はマスコミの取材に積極的に応えるので、新聞雑誌などにインタビュー記事が掲載されることが多い。また、テレビに出演することもあるし、著書も多数出版している。

もし、日本電産に興味があるならば、こうしたものを見ておくと良いだろう。業績は好調で、２０１５年3月期の最終利益は過去最高額だった。

電機メーカーは苦戦

電子部品メーカーの経営が堅調であるのに比べると、電機メーカーの業績は悲惨だ。

例えばソニー。2006年3月期から2015年3月期までの10年間で6回も最終赤字になっている。テレビ部門に限れば、2005年3月期から2014年3月期の10年間、ずっと赤字が続いていた。

最近になって明るい兆しが見えてきたのは、金融部門が好調であることと、世界の名だたるスマホメーカーに採用されている「CMOSイメージセンサー」という部品が売れているからだ。CMOSイメージセンサーは「電子の目」と呼ばれ、スマホのカメラ部分に使用されている。高画質の写真を撮るにはソニーのCMOSイメージセンサーが欠かせない。世界シェアは約50%でダントツの首位。今後はスマホ向けだけでなく、自動車や医療機械向けへの供給拡大が期待できる。

ソニーの業績を見ることで、部品事業の採算が良くて、電気製品の採算が低いことがよくわかる。

シャープは2006年3月期から2015年3月期までの10年間で最終赤字が4回もあった。2016年3月期は業績が回復するのではないかと期待されたが、回復は無理だった。

2015年9月には希望退職により従業員3200人を削減したが焼け石に水。結局、台湾の鴻海精密工業に買収されることになってしまった。

最近、経営戦略の優れた企業の例として、総合電機メーカー首位の日立製作所がマスコミで取り上げられることが多い。最近は業績が安定的に伸びているが、過去10年間では2007年3月期から2010年3月期まで4期連続で最終赤字。赤字累計額は1兆円近くに達した。

自動運転の技術発展で需要拡大

電機業界では、電機メーカーよりも電子部品メーカーのほうが圧倒的に強い。そして、電子部品の需要は今後さらに伸びていくだろう。

まず、スマホの高機能化が進むことで電子部品の需要が高まる。そして自動車メーカーが自動運転技術の開発を進めていることと、ロボットの需要が増加していくことも電子部品業界にはプラスだ。ロボットについては第三章で説明しているので、ここでは自動車の自動運転について解説する。

自動車は運転手がハンドルを握って運転するのが当たり前だが、将来は、行き先をインプットするだけで自動車が目的地まで連れて行ってくれる。運転手が何もしなくても自動車が最適のルートを選び、燃費のいい走りをしてくれるのだ。夢のような話だが、技術開発はかなり進んでいる。

すでに日本の自動車メーカーは、公道で自動運転の試験走行をしているし、マスコミ向けに自動運転の披露もしている。また、海外自動車メーカーも開発に取り組んでいるのはもちろん、自動車関連企業ではないグーグルも参入し公道で試験走行している。試験走行の模様はネット上の動画で見ることができる。さらに、アップルも研究を進めている。

ただ、自動運転を実用化するには、国内では道路交通法の改正が必要だ。現行の交通法規は自動運転を想定していない。道交法第70条では「車両等の運転者は、当該車両等のハンドル、ブレーキその他の装置を確実に操作し」なければならないと定めている。ハンドルから手を離して自動運転車を公道で走らせれば、道交法70条に違反してしまう。

また、自動運転で事故が起きた場合、その責任は誰が負うのか。運転者なのか、自動車メーカーなのか。責任の所在があいまいでは実用化が難しい。

自動運転の実用化には、乗り越えなければならないハードルはいくつもある。それでも主要自動車メーカーは、２０２０年には自動運転対応の自動車を販売できるように開発を進めている。

自動運転車は電子制御されているので、従来の車よりもはるかに多くの電子部品が使われる。自動車の自動運転化が進むにつれて、高性能な電子部品の使用量が増大する。自動運転の世界的な普及というテーマに乗って電子部品メーカーの業績が拡大していくだろう。

急成長！　技術力が高く買われる企業

〈鉄道ビジネス〉	
ナブテスコ	新幹線車両のドア開閉装置のトップメーカー。ブレーキも製造。MRJにも部品納入。
曙ブレーキ工業	新幹線のディスクブレーキを製造。旧国鉄時代からJRと共同研究。自動車用ブレーキも。
住江織物	新幹線のシートの表皮材、シートクッション、壁装材、床材を製造。
五光製作所	真空式トイレを製造。くさい、汚いといった車両トイレの問題を解決。非上場。
新日鐵住金	新幹線のすべての車輪と車軸を生産。連結器やレールのシェアも高い。
ホンマ・マシナリー	工作機械メーカー。新幹線の車輪はすべて同社の工作機械によって製造。非上場。
KYB	振動から車体を守る部品を製造。自動車の衝撃緩衝器で世界シェア２位。
東洋ゴム工業	タイヤでは国内４位。鉄道向けの防振ゴムでデータ改竄が発覚したが業績堅調。
住友理工	住友電工の子会社。防振ゴムは新幹線だけでなく、海外の鉄道車両にも搭載。
東洋電機製造	パンタグラフ製造の最大手。PASMOなどICカード対応の駅務機器なども手掛ける。
森尾電機	新幹線のヘッドライト、車内表示器を製造。新幹線輸出第１号の台湾高速鉄道にも納入。
KIホールディングス	車内表示器や車両外側の行き先表示器を製造。北陸新幹線などにLED室内灯を納入。
ジェイテクト	軸受け大手３社の１社。トヨタ自動車が筆頭株主。自動車メーカー向け納入も多い。
日本精工	軸受け大手３社の１社。日本で最初に軸受けを製造。2016年開業の北海道新幹線にも搭載。
NTN	軸受け大手３社の１社。等速ジョイントは世界第２位、ハブベアリングは世界首位。
日本信号	信号３社の中で売上高１位。ホーム柵や自動改札機、券売機なども製造。
京三製作所	信号３社の中で売上高２位。GPS活用の運行管理システムも手掛ける。
大同信号	信号３社の中で売上高３位。JR向けが多い。消防車両の制御システムも手掛ける。
オムロン	体温計など医療機器で有名だが、自動改札機、券売機の大手メーカーでもある。
〈素材・部品〉	
（炭素繊維）	
東レ	炭素繊維世界１位。ボーイングや三菱重工業、トヨタ自動車が同社の炭素繊維を採用。
東邦テナックス	炭素繊維世界２位。風力発電向けや欧州エアバス社向けに供給。帝人の子会社。非上場。

三菱レイヨン	炭素繊維世界３位。BMW i3（電気自動車）や欧州エアバス社向けに供給。
（鉄鋼）	
新日鐵住金	自動車メーカーと共同で高張力鋼を開発。鉄鋼世界１位のアルセロール・ミッタルと提携。
ジェイ エフ イー ホールディングス	国内鉄鋼第２位。東京スカイツリーの主柱に、同社の高張力鋼が採用された。
（電子部品）	
村田製作所	セラミックコンデンサーは世界首位。ノイズを除去するEMI除去フィルタも世界首位。
京セラ	セラミックパッケージの世界シェアは80%。メガソーラー発電にも積極的。
TDK	HDD用磁気ヘッドは世界首位。セラミックパッケージは世界シェア３位。
日本電産	モーターの総合メーカー。HDD用モーターの世界シェア80%。M＆Aで成長。
オムロン	リレー、スイッチ、コネクタ、センサーなどを製造。国内よりも海外向けのほうが多い。
アルプス電気	売上高の6割が自動車関連。スイッチ、センサー、コネクタなど幅広く製造。
イビデン	高密度プリント配線板、ICパッケージ基板、自動車マフラー用フィルタが主力製品。
キーエンス	FAセンサーなど検出・計測制御機器の大手。平均年収は上場企業トップ1688万円。
太陽誘電	セラミックコンデンサー世界４位。インダクター、表面波フィルタも競争力が強い。
日本航空電子工業	主力製品のコネクタをスマホや自動車向けに供給。NECのグループ企業。

第六章　新たなインフラ需要で収益を伸ばす企業

（1） 建設会社は最先端ハイテク企業

高まるインフラ建設の需要

インフラとは道路、橋、鉄道、港、空港、上下水道などの公共施設を指す。インフラの建設を担うのは建設会社だが、学生の間でこうした企業はあまり人気がない。２０１５年に東洋経済新報社が文化放送キャリアパートナーズと共同で行った就職人気ランキングで、建設業から上位３００社に入ったのはたった２社。**清水建設**（２０８位）と**大林組**（２５９位）だけだ。

建設業は３Ｋ（危険、汚い、きつい）職場と言われることさえある。多くの学生にとって、汗と泥にまみれて肉体作業をする業界というイメージが強い。

しかし、実際の日本の建設業は、高い技術を持ったハイテク産業だ。リニア中央新幹線工事を例に説明する。

リニア中央新幹線は２０４５年に東京〜大阪間が開通する。すでに工事は２０１４年の暮れに始まった。リニア中央新幹線はほとんどの区間が地下だ。工事というのは、これから30年間も東京〜大阪間にトンネルを掘っていくことだ。東京からだけでなく、山梨や長野などからもトンネルを掘るのだが、最終的には地底でつながる。

数ヵ所から掘ったトンネルが地下で行き違ってつながらないことはないし、進路を間違えて海の方に出てしまうこともない。名古屋〜大阪間にトンネルを掘るときに、間違って琵琶湖にぶつかって浸水ということもありえない。

とてつもなく高い技術があるからこそ、計画通りに超長距離のトンネルを掘って、予定した場所にきちんとたどり着くことができるのだ。

そして、日本の建設業は成長産業でもある。1990年代初頭にバブル経済が崩壊した後、建設会社の業績は低迷が続いた。財政再建のために公共事業は削減されるし、民間の建設意欲も萎縮してしまった。しかし、最近は、国内外でインフラ建設の需要が盛り上がっている。こうした状況は今後長期間続き、建設会社は業績を伸ばしていく。

建設業界が伸びる理由

建設業界が伸びていく理由は5つある。まず1つは、東日本大震災で被害を受けた東北地方の復興需要があること。あらゆるものが壊れてしまったのだから、復興のためにやらなくてはならない工事が山のようにあるのは当たり前。震災後しばらくの間は復興計画が定まらなかったので工事に取りかかれなかったが、震災から5年以上経過してこれから復興工事が本格化していく。

2つめは2020年開催の東京オリンピック・パラリンピック。国立競技場をはじめとした会場建設だけでなく、交通網の整備や街の再開発が行われる。本来はオリンピックがなくても交通網の整備や再開発を行わなければならないが、オリンピックという目標があると事業は一気に進む。1964年の東京オリンピックのときもそうであったし、他の国でもオリンピックを機会にインフラ整備が進んだ。

首都圏のインフラ整備だけでも次のようなプロジェクトがある。

1 JR山手線の品川〜田町間に新駅を設置。JR山手線では約50年ぶりの新駅。

2 東京メトロ日比谷線の霞ケ関〜神谷町間に新駅を設置。

3 環状2号線の全線開通（オリンピック開催時には競技場と選手村を結ぶ重要なルートになる）。

4 3に合わせて新橋〜虎ノ門間を「新虎通り」として整備。「日本のシャンゼリゼ」を目指す。

5 東京駅や新宿駅と羽田空港の直通化を図る、JR東日本の羽田空港アクセス線構想。

6 地下鉄8号線（東京メトロ有楽町線）の延伸。豊洲駅から住吉駅までを結ぶ。

7 渋谷再開発。渋谷駅の真上に地上46階の高層ビルを建設する。

8　横浜駅西口に地上26階のビルを建設するとともに西口全体を再開発。
9　東京外かく環状道路と圏央道を完成させる（環状化の完成）。
10　ホテルオークラ東京本館の建て替えをはじめ、ホテルの開業・改装を行う。

また、インフラ整備は首都圏だけでは終わらない。オリンピック観戦のために来日した人はオリンピックを観戦しただけで帰国しない。ついでにいろいろな場所に足を運ぶ。京都や奈良は定番コースだが、それ以外の観光地にも行くだろう。特に地方の温泉は外国人に人気がある。そのほか、リニア実験線に体験乗車するために山梨県を訪れる外国人もいるだろう。外国人受け入れのために、地方でも街の整備や再開発が行われる。

3つめはリニア中央新幹線の建設だ。「オリンピックが終了したら大規模な工事がなくなってしまう」と心配する人がいる。しかし、オリンピック終了後もリニア中央新幹線の工事は続く。リニア中央新幹線は2027年に東京〜名古屋間が、2045年に名古屋〜大阪間が開通する。リニアはその大部分が地下を走るから大工事となる（注）。さらに新駅ができれば、駅周囲を開発しなければならない。建設会社にとってリニア中央新幹線はビジネスチャンスの塊だ。

（注）品川〜名古屋間286㎞のうち86％はトンネル。名古屋〜大阪間は未定。

4つめは新興国がインフラ整備を進めることだ。昔の世界は裕福な先進国と貧しい国に分かれていたが、最近はかつて貧しかった国々が経済的に力をつけている。BRICS（ブラジル、ロシア、インド、中国、南アフリカ）は有名だが、このところビジネスの世界では、バングラデシュ、ミャンマー、カンボジア、ラオスなどアジア諸国が注目されている。また、かつての共産圏だった東ヨーロッパの国々も力をつけている。

こうした国々がさらに発展するために必要なのはインフラ整備だ。新興国では電力供給が安定しないために生産活動が妨げられることが多い。交通インフラが整っていないため、生産した製品を出荷するのに時間がかかる。

また、舗装されていない悪路を通れば製品の一部は破損してしまう。港や空港が整備されていなければ製品の輸出がスムーズに行えないし、原材料の輸入にも手間がかかる。経済の担い手である労働者の移動のためにも交通インフラ整備は喫緊の課題だ。

新興国で高い技術を持った建設会社は少ない。道路、橋、鉄道、港、空港といったインフラを建設するには先進国の力が必要だ。日本の建設会社が活躍するチャンスは多い。

危ない橋とトンネルが多すぎる

５つめは、国内外でインフラの補修や建て替え需要が大きいことだ。日本国内には１９５０年代から60年代に造られたインフラが多い。代表的なものとしては、新幹線、首都高速道路などが挙げられる。１９６４年に開催された東京オリンピックに関連して建設されたのだ。

ところが、コンクリート製構造物は50年以上経過するとかなり劣化する。当時建設されたインフラは劣化して補修または建て替えのタイミングを迎えているのだ。

国土交通省の調査では、地方公共団体が管理している橋のうち、老朽化で通行止めまたは通行規制されている橋は全国に２１０４ある。簡単に言えば、古くて危ないから「渡ってはいけない」または「渡るときは気をつけろ」ということだ。

２０１３年４月末時点で全国に約70万の橋があるが、そのうちの７万１０００橋は建設後50年以上経過している。そして、２０２３年４月には17万１０００橋となる。老朽化すれば必ず事故が起きるというわけではないが、これらの橋は事故予備軍と言っていいだろう。

インフラを本格的に補修、または建て替えなければ、国民の社会生活が成り立たない。建設・土木会社にとってビジネスのネタはいくらでもある。

米国のインフラ老朽化は日本よりも深刻だ。米国では第一次世界大戦後の不況を克服するためのニューディール政策の一環として、１９３０年代から多くの橋や道路などが建設された。日本よりも古いインフラが多い。

２００７年8月1日、ミネソタ州のミシシッピ川に架けられたミシシッピ川橋が崩落、自動車50台以上が橋から落下し、13名が死亡、１００名以上が負傷するといった大惨事が起きた。ミネソタはとても寒い地域なので、冬にこの事故が起きていたら死者13名では済まなかっただろう。この橋は１９６７年の建造なので、事故は建造後40年で起きたことになる。日本ではあまり大きなニュースにならなかったが、これから日本でも起こりそうな大事故だ。

建設業界の構造

ここで、建設業界の構造について解説する。業界大手は**大林組**、**鹿島建設**、**大成建設**、**清水建設**、**竹中工務店**（非上場）などスーパーゼネコンと呼ばれる5社だ。いずれも売上高が1兆円を超える大企業だ。大成建設を除く4社は創業家が経営に影響を与える同族企業。竹中工務店は5社の中で唯一、上場していない。

ゼネコンとは、「General Contructor」の略称であり、建設工事の計画から施工管理までを総合的に手掛ける業者のこと。巨大なゼネコンをスーパーゼネコンと呼び、規模が小さくなるにつれて準大手ゼネコン、中堅ゼネコンなどと呼ぶ。売上高2000億円以上が準大手ゼネコンで、1000億円台が中堅ゼネコンといったところだ。準大手や中堅はゼネコンとはいっても、各社の得意分野を武器に工事を行っていることが多い。

そのほか、**NIPPO**、**前田道路**、**日本道路**、**東亜道路工業**は道路工事に特化している。また、地盤改良など特殊な土木工事を手掛ける会社もあり、その分野で大きい企業は**ライト工業**と**日特建設**だ。

住宅メーカーも建物をつくるのが仕事だが、個人向けの戸建て住宅や低層アパートを施工することがほとんどだ。木質住宅を専門に手掛けていて、鉄骨を使用しない住宅メーカーもある。そうした住宅業界の中で売上高トップの**大和ハウス工業**は珍しい存在だ。戸建て住宅以外にオフィス、商業施設、医療・介護施設などの施工件数が多い。

また、傘下にはフジタという建設会社がある。大和ハウス工業は住宅メーカーというよりも異色の建設会社という意識で見たほうがいいだろう。

目立たないが凄い3社

ショーボンドホールディングスはコンクリート構造物を補修する企業の中では最大手。同社は自らを「コンクリート構造物の総合メンテナンス企業」と呼んでいる。新たに建築物を作るのではなく、橋、道路、鉄道、港湾設備などの劣化診断から補修・補強工事までを行っている。

技術を重視する同社は、筑波研究学園都市に「補修工学研究所」を持ち、研究開発を推し進めている。筑波研究学園都市に研究所を置くと、他の民間研究機関や公的研究機関と共同研究を行いやすいというメリットがある。

同社ではより実践的な研究開発ができるように、各種の大型実験装置や環境条件設定装置を設置している。研究対象として、実際の工事現場と同じ大きさのコンクリート構造物まで用意している。

同社は工事の品質にこだわっていて、工事に使用する資材も自前で製造している（資材とは接着剤、注入材、シール材、充填材、ライニング材といった合成樹脂材料のこと）。

また、建築物に付随する各種の配管や配管をつなぐ部品も、時間が経てば老朽化や損傷を免れない。同社は配管をつなぐ部品の製造もしている。実際に工事で使用しながら開発した同社の資材や部材の品質は高く、外販も行っている。

業績は好調で２０１５年３月期の最終利益額は過去最高だった。さらに、借金ゼロという財務体質の強さも特徴だ。

第一カッター興業は、アスファルト舗装やコンクリート構造物を工業用ダイヤモンドで切断したり、穴を開けたりする工事を手掛けている。ノズルから噴射された超高圧水で、コンクリートの結合を破壊するウォータージェット工法を使用した施工も多い。ウォータージェット工法には、鉄筋を傷めずコンクリートの劣化部分だけをピンポイントで除去できるというメリットがある。橋や道路、鉄道を切断したり、解体したりするときには同社の技術が重要だ。

また、同社は切断・解体だけでなく耐震補強工事も手掛けている。茅ヶ崎営業所では切断工事で発生した汚泥の処理事業を行っているが、今後は千葉営業所でも汚泥処理事業を開始する予定。

広島に本社がある**コンセック**は、建設機械・ダイヤモンド工具の大手メーカー。コンクリート構造物などを切断したり、穴を開けたりする機械を「Ｈａｋｋｅｎ」ブランドで販売している。

同社は工具メーカーであると同時に建築・土木工事会社でもある。自社の「Ｈａｋｋｅｎ」ブランドの建設機械やダイヤモンド工具を活用して、コンクリート構造物の切断や穴開けを行うほか耐震補強工事も請け負っている。メーカー部門と工事部門が情報交換することで、機械の開発と工法の開発の両方を実施できるのが同社の強みと言える。

さらに、これまで培った技術をもとに、建築・土木以外の分野への進出に取り組んでいる。まず1つは原子力発電所内で駆動可能な遠隔操作ロボットの開発だ。原発躯体コンクリートへの穴開け・切断ができることを目指している。この技術が確立されれば、原子力発電所廃炉のための切断解体工事に大きく貢献することができる。2つめは半導体用特殊材料の精密穴開け加工機や工具の開発だ。

同社は売上高が100億円を少し上回る程度で、大きな企業ではない。しかし、インフラ整備や原発といったテーマに関連しており、今後の成長が期待できる。

新興国で活躍期待のマリコン

埋め立て、防波堤建設、橋梁基礎工事、海底トンネル工事などの海洋土木工事や港湾施設の建築工事を行うゼネコンをマリコンと呼ぶ。「marine constructor」の略だ。

マリコンのトップは**五洋建設**。会社規模での分類では準大手ゼネコンに入り、陸上の土木工事も手掛けている。

同社の創業は1896年。明治・大正年間は海軍の軍港建設を請け負い、海洋土木分野で高く評価された。第二次世界大戦では大きな痛手を受けたが、1957年にはインド・ゴア港の工事に参加し、海外進出の第一歩を踏み出す。1961年にはスエズ運河の改修工事を受注し、技術力の高さを世界に知らしめた。1970年代はエジプト、シンガポール、イラク、カタールで大型工事の受注が相次ぎ、１９７５年から１９８０年はスエズ運河の増深拡幅工事を行った。

そして、近年の施工実績には目を見張るものがある。関西国際空港、中部国際空港、羽田空港といった臨海部にある空港の建設工事はもちろん、明石海峡大橋、レインボーブリッジ、東京湾アクアライン、東京ゲートブリッジなどの工事にも参加した。

マリコンナンバーワン企業としての実績は申し分ない。こうした実績が、海外で受注を獲得するための武器になる。たとえ五洋建設の名前が知られていないとしても、ビッグプロジェクトの実績を示せば海外でも高く評価される。新興国がインフラ整備に力を入れれば入れるほど、同社の受注も増加する。

ちなみに、現在はシンガポールのチャンギ国際空港で拡張地盤改良工事（受注金額７６２億円）に取り組んでいる。全売上高における海外向け比率は33％だが、今後はこの比率が拡大していくだろう。

また、同社は陸上の建設工事でも、プロ野球の広島のホームグラウンドであるマツダスタジアムや地下鉄の駅などの施工実績がある。海洋土木工事だけでなく、陸上工事にも十分対応できる。

マリコン２位は**東亜建設工業**。売り上げ規模では準大手の下位、または中堅の上位といった位置にある。

1908年、戦前の15大財閥のひとつである浅野財閥の総帥、浅野総一郎氏が港湾機能を持つ工業用地を造成するため、神奈川県鶴見川河口の海面約150万坪の埋め立て事業計画を神奈川県庁に提出した。1912年には「鶴見埋立組合」が設立され、東京湾埋め立てという壮大なプロジェクトが始まった。この鶴見埋立組合が東亜建設工業の原点だ。

その後は、日本経済の成長に合わせて、工場用地造成のための埋め立て工事を全国で展開した。戦後は連合国軍による羽田飛行場の復旧・拡張の命令を受けたことなどをきっかけに事業を拡大、高度経済成長の波に乗って全国で埋め立て造成を数多く手掛けた。

近年の施工実績を見ると、関西国際空港、中部国際空港、羽田空港、神戸空港といった主要空港はもちろんのこと、瀬戸大橋、鶴見つばさ橋、横浜ベイブリッジなど有名な物件が目白押しだ。最近は、海外で冷凍倉庫需要が高まっているため、この分野での建設受注拡大を目指している。

陸上土木でも実績はあり、九州新幹線や北陸新幹線関連の工事を請け負ったほか、オフィスビルや官公庁などの建設も行っている。

紹介した2社のほかにも、マリコン分野には、**東洋建設**、**大豊建設**、**若築建設**、**大本組**、**不動テトラ**といった企業がある。

トンネル技術に秀でた企業とは

リニア中央新幹線は大半が地下トンネル。前述の通り、すでにルートが確定している品川～名古屋間の286㎞のうち、86％の246㎞は地下を走る。スーパーゼネコン以外で、トンネル工事を得意とするのは**熊谷組**、**前田建設工業**、**西松建設**、**安藤ハザマ**、**佐藤工業**（非上場）など。

このうち熊谷組はトンネル工事に強いという評判がある。山梨県にあるリニア中央新幹線の実験線を施工したのは同社だ。

これまで、非常に難度の高いトンネル工事に携わっており、映画「黒部の太陽」で有名な黒部ダムの建設では、資材輸送の要となった「関電トンネル」を掘った。そのほか、山口県下関市と福岡県北九州市を結ぶ海底トンネル「関門トンネル」の工事を担当したのも同社。

また、北海道新幹線の開通で注目されている青函トンネル（青森県東津軽郡～北海道上磯郡）の工事を請け負ったのも同社だ。青函トンネルは海底下約100ｍの地中を掘って造られたトンネルで、全長は53・85㎞もある。交通機関用のトンネルとしては世界で一番長い。

すでにリニア中央新幹線の品川駅の地下工事を受注しており、今後も受注が増加していくと見られる。

同社はトンネルなどの土木工事だけでなく、超高層ビルの建設も得意としている。施工実績としては、新宿野村ビルや世界第2位の高さを誇る台湾の高層ビル「台北101」などがある。

佐藤工業はトンネル工事の名門で、業界では「トンネルの佐藤」と呼ばれることもあるという。これまで青函トンネル、東京湾アクアラインなどのビッグプロジェクトに携わってきたし、世界最長クラスの陸上トンネルである八甲田トンネルの工事も手掛けた。最近では北陸新幹線関連のトンネル工事を施工した。

売上高（2015年6月期）は1429億円で、規模的には中堅ゼネコンのカテゴリーに入る。1862年創業の名門ゼネコンで、ピーク時には準大手規模の7000億円前後の売上高があり、全日本空輸（ANA）とJリーグの横浜フリューゲルスに共同出資もしていた。その当時は東証1部上場だったが、不動産取引の失敗が原因で2002年には会社更生法を申請し上場廃止となった。その後は着々と再建を進め、2009年には更生手続きを完了した。

その後の経営は安定している。土木工事のほか、建設工事も手掛けており、2015年8月にオープンした函館アリーナは同社の施工だ。

「けんせつ小町」の活躍

建築・土木と言えば、男の会社というイメージが強いだろう。特に建設現場は、「男の世界」そのもので、女性が働く場所ではないと思う人が多いのではないか。

しかし、建設現場で女性が働くことは珍しくなくなってきている。日本建設業連合会（日建連）は2015年から建設現場で働く女性の呼び名を「けんせつ小町」に統一して、女性就業者を増やしていく姿勢を示した。

日建連は今後10年間で90万人の技能者を確保し、そのうち20万人は女性とすることを目標としている。新規就職者数を増やすために、設計や事務部門だけでなく、建設現場でも女性が活躍できる環境を整備していく。

ここで、スーパーゼネコン5社の女子の就業について解説する。

東洋経済新報社から刊行の『就職四季報女子版』（2017年版）によると、スーパーゼネコン5社の女子社員の平均勤続年数は17・9年と長い（『就職四季報女子版』に掲載企業の平均は12・7年）（注①）。ちなみに5社の中で最も長いのは大成建設で19・1年。就職先を決めるときに勤続年数はとても重要だ。従業員は会社に対して多少の不満があったとしても、とりあえず居心地が良ければ会社を退職しない。勤続年数が長いということは居心地のいい会社ということなのだ。学生が警戒するブラック企業の対極にあることを意味する。

新卒で入社した女子社員の離職率を示す「3年後離職率」は清水建設が5・4%になっているのを除けば、各社とも5%未満。文部科学省の調査では「大卒で就職した社員の3年後平均離職率は3割」なので、スーパーゼネコンの女子新入社員の離職率の低さが際立つ。

また、ゼネコンは女子の採用が少ないと思われがちだが、スーパーゼネコン4社（注②）の女子採用平均数は50・3人と多い。文系女子が入社しにくいイメージがあるがそうでもない。竹中工務店は文系女子を32人、大成建設は文系女子を16人（院卒含む）採用している。女子であっても、建築・土木に興味があればチャレンジするべきだろう。


（注①）有効回答1030社の女性の平均勤続年数。

（注②）清水建設は採用活動中でデータなし。

（2）日本には優秀な建設機械メーカーが多い

地上134mに届くクレーン

インフラ需要の増加に伴って、建設現場で使用される建設機械も業績を伸ばしていく。建設機械といえば、世界第2位の**コマツ**や第3位の**日立建機**が有名だが、この2社以外にも優良企業がたくさんある。

建設現場ではクレーン車を見かけるが、建設用クレーンの国内最大手は**タダノ**。世界では第2位。第2位といっても1位との差は小さく、トップ2強のうちの1社といった感じだ。売上高は2000億円を超えているが、そのうちの5割以上が海外向け。堂々たるグローバル企業といえる。

高層ビルの建設やメンテナンスには、高いところに届く建設用クレーンが必要だ。同社の建設用クレーンを使えば、最大で地上高約134mまで届く。

建設用クレーンの受注が増加しているため、本社のある香川県高松市内に新工場を建設する。第1期工事は100億円投資で2018年に完成の予定。その後、さらに100億円を投資し数年かけて工場を拡張する。国内外のインフラ需要増大でクレーンの注文が増加しても、対応できる態勢を整えていく。

そのほか、高所作業車も同社の主力製品のひとつだ。電話線の工事や高い所に設置された道路標識の付け替えのときなどに、車両から伸びたアームの先につけられたゴンドラに乗った人が作業しているのを見たことがあるだろう。人が高い所で作業するときに使用する車を高所作業車という。

このところ、業績は好調で、２０１５年３月期は最終利益が過去最高だった。当面はこの傾向が続くだろう。

クレーンの国内第2位は**加藤製作所**。売上高はタダノの半分以下だが、国内外で健闘している。工事現場で加藤製作所のロゴ「ＫＡＴＯ」のついた建設機械を見かけることが多い。同社の主力製品はクレーン車だが、パワーショベルや基礎工事用アースドリル（杭打ち機械）などの建設機械も製造している。さらに、台数は多くないが、路面清掃車や除雪車なども手掛けている。

今後は海外向けの販売を拡大させていく方針で、タイの新工場は２０１６年秋に稼働する。操業5年後には新工場の年商を50億円にする予定だ。また、中国内は景気低迷で売り上げが伸びないため、中国工場で生産した製品は東南アジアや南米への輸出に振り向ける。同社の海外売上比率は売上高全体の31％だが、今後5年間で40％超を目指す。新興国のインフラ需要を取り込んで成長していくということだ。

東京スカイツリーでも活躍

クレーンといっても、クレーン車ではなくて高層ビルの最上部に載っているものもある。最近は首都圏で再開発工事が多いので、見かけることがあるはずだ。あのようなクレーンをタワークレーンという。

タワークレーンを製造しているのは**北川鉄工所**や**IHI運搬機械**（非上場）など。北川鉄工所は1918年創業のメーカーで、自動車や建設機械向けの鋳造部品、工作機械、タワークレーンなどの産業機械の3つが主力事業だ。同社のタワークレーンは軽量で組み立てパーツが少ないことから作業効率が高い。

IHI運搬機械は重工業3社の一角であるIHIの子会社だ。同社のタワークレーンは東京スカイツリーの建設でも使用された。同社のHPには東京スカイツリーの最上部に同社のタワークレーンが載っている写真がアップされている。

同社はタワークレーンだけでなく、工場の建屋内や港湾埠頭で物を運搬するときに使用するクレーンも製造している。

世界で人気のミニショベル

一方、小型の建設機械も忘れてはならない。特に先進国の都市再開発では小型の建設機械が重要だ。**クボタ**は農業機械のトップメーカーとして有名だが、小型ショベルカー（ミニショベル）の分野でも世界トップだ。

竹内製作所はミニショベル中心に各種の建設機械を製造・販売している。1971年に世界で初めてミニショベルを開発し生産・販売を開始した。1978年に輸出を開始、1990年代から海外展開を急速に進めた。現在では米国、英国、フランスに販売子会社を持ち、ミニショベルのシェアはEU圏で第2位、北米で第4位。同社の海外売上比率は98%に達している（2015年2月期）。

同社の製品が支持されているのは品質が高いからだ。同社は海外売上比率が極めて高いにもかかわらず、海外では中国に1ヵ所生産拠点があるだけ。各業界の多くの企業が海外生産を増やす中で珍しい企業といえる。

シェアの高い欧州、北米にあえて工場を造らない。長野県の本社に生産拠点をおき、熟練した開発者・技術者のもとで安定的に生産する体制にこだわっている。

最近の業績は好調で、2015年2月期の最終利益は過去最高だった。借金はゼロと財務体質は極めて良好。2016年2月には本社の第三工場と生産技術棟の新築工事が完了した。生産能力拡大が今後の収益拡大に貢献するだろう。

クレーンでもミニショベルでも建設機械は苛酷な環境下で酷使されることが少なくない。多くの部品は消耗品だ。建設機械を扱う企業にとって、交換部品の販売やメンテナンスは重要な収益源となる。新型機械をいったん販売すれば、その後もしばらくの間は安定した利益を稼ぐことができる。

（3）素材メーカーを忘れるな

セメント輸出が伸びている

建物や道路、橋を建造する場合に何が必要か。もちろんさまざまな物が重要に決まっているが、学生はセメントを忘れていないだろうか。セメントがなければインフラ建設はできない。セメントは圧倒的に重要だ。しかし、あまりにも地味な業界なので就職先として意識する人は多くない。

先述したように、2015年に東洋経済新報社と文化放送キャリアパートナーズは共同で就職人気ランキング調査をしたが、セメント会社で上位300社にランクインしたのは**宇部興産**（253位）のみ。ランクインしたといっても、化学・医薬・機械メーカーとしての人気であってセメント会社としての人気ではないだろう。

一般社団法人セメント協会の調査によると、国内のセメント生産は2012年から2014年まで3年連続して増加し続けたが、2015年は前年比で4%減少した。3年連続増加の理由は東北復興や安倍内閣の「国土強靭化」計画によるセメント需要増加だ。2015年にマイナスに転じたのは、国内でセメント需要が低下したからではない。

建築現場では熟練労働者の不足から、工事をしたくてもできない現場が少なくない。工事ができなければ、セメントは必要ないので、生産を抑制せざるを得ないというわけだ。

人手不足は大きな問題だが、工事の効率化や機械化、そして労働者の多能化などで人手不足を補えば、工事が増加してセメント需要も回復する。

注目は国内の生産量と販売量が減少している一方で、輸出が11・3％伸びていることだ。海外でもインフラ建設・補修需要は大きいので、国内が多少低迷しても輸出で業績を伸ばすことは可能だ。

セメント業界1位は**太平洋セメント**。設立は1881年と古く、同業他社との合併や買収を繰り返して現在に至る。国内にセメント工場が9ヵ所あるほか、海外には米国、中国、韓国、ベトナム、フィリピン、パプアニューギニアなどに9ヵ所ある。

米国ではカリフォルニア州とアリゾナ州の2工場でセメントを生産。西海岸一帯で生コンクリート（注）の製造・販売もしている。米国子会社は太平洋セメントのネットワークを駆使して、高品質なセメントを米国へ輸入、そして米国内で販売している。米国内では、単に生産しているだけではないのだ。同社の業績は好調で2015年3月期の純利益は過去最高額だった。人手不足で国内の建設工事が遅れることは懸念材料だが、国内外でインフラ整備が続くかぎりセメントの潜在需要は旺盛だ。中国経済低迷などで短期的に収益が悪化することはあるが、中長期のトレンドで見れば収益は伸びていくだろう。

セメント業界2位は**宇部三菱セメント**（非上場）。セメント生産会社の宇部興産と**三菱マテリアル**が出資する共同販売会社だ。ベトナムでは1位の太平洋セメントと合弁事業を展開している。

そのほか、**住友大阪セメント**、**トクヤマ**、**デンカ**といった企業がセメントの生産を手掛けている。

（注）セメントは粉で、砂や砂利、水と混ぜ合わせるとコンクリートになる。生コンクリートとは、工場で混ぜ合わされて固まっていない状態のコンクリートのこと。生コンクリートはすぐに固まってしまう。そこで、昔は工事現場で材料を配合し、練り合わせてコンクリートを作っていた。現場で作るとなるとその時々の条件によって品質がバラつくし、手間もかかる。その点、生コンは工場生産なので材料を正確に混ぜることができ、品質を一定に保つことができる。現場で練り合わせる必要もないので工事が楽になる。

日本のガラスは世界トップクラス

建物の建設が増加すればガラスの使用量も増える。インフラ需要の増加はガラスメーカーにプラスであることは間違いない。それでは、ガラス業界について説明しよう。

ガラスは建物や自動車、鉄道車両などに使用される「板ガラス」と液晶などに使用される「液晶用ガラス」に分けられる。そして、世界の板ガラス市場では住友系の**日本板硝子**、三菱系の**旭硝子**、フランスのサンゴバンが大手3社。

日本板硝子は2006年に同社より売上高・最終利益の大きいイギリスのガラス老舗メーカー・ピルキントンを買収。板ガラス分野で旭硝子と並ぶ世界トップクラスの企業になった。

外国人社長の交代が続いたことや、ヨーロッパ経済危機の影響を受けたリストラの実施で経営が混乱した時期もあったがようやく落ち着いた。

国内で3番手の**セントラル硝子**は日本板硝子と旭硝子に水をあけられている感じがあるが、実はサンゴバンと提携している。アジア地区に工場を持たないサンゴバンに板ガラスを供給している。今後はセントラル硝子の動きに注目だ。

(4) ディベロッパーはインフラ整備の司令塔

新興国の街づくりを担う

不動産会社というと思い浮かべるのはマンション販売ではないだろうか。また、アパートを借りるときに物件を紹介してくれる業者だろうか。こうした業務も不動産会社の仕事だが、ここではディベロッパー、即ち開発業者としての不動産会社について解説する。

いくら優秀な建設会社があっても、街づくりは成功しない。街づくりを企画し、事業全体をコントロールする司令塔が必要で、この司令塔がディベロッパーだ。

新興国は道路や橋、空港といったインフラを造っているが、街の再開発や新規造成をする必要もある。自然発生的に出来上がった街は見た目が良くないだけでなく無秩序で使い勝手が悪い。衛生や治安上の問題があることも多い。これでは経済発展の足枷（あしかせ）になってしまう。

また、先進国の植民地時代には整備が行き届いていた街でも、施設の老朽化で街としての機能を果たせなくなっているケースがある。そのほか、何もない場所に、新たな街を作らなければならないこともある。

街づくりでは建物、交通網、上下水道、通信網、エネルギーシステムなどを別々に構築するのではなく、街づくりプランに基づいて、これらの施設やシステムを一体で作り上げなくてはならない。新興国には一つ一つの建物を建設する技術があったとしても、地域一体開発の技術やノウハウはない。そこで、ディベロッパーの出番となる。ディベロッパー業務を行うのは日本の大手不動産会社だ。

不動産業界で売上高トップは**三井不動産**。本社のある東京・日本橋や八重洲で地域一体の再開発を推進中だ。これらの地域は東京のど真ん中の一等地であるにもかかわらず、15年ぐらい前までは古い建物が多く少しさびれた感じもあった。しかし、今ではホテル、オフィス、商業施設のすみ分けと連携が取れた街として人気が出ている。

同社は2015年に英国ロンドンで、英国放送協会（BBC）から土地・建物を取得し、大規模再開発事業に着手した。当該エリアは、ロンドンの開発促進地域に指定されている。まずは、既存ビルの改修や新たなビル建設を実施。その近隣で、オフィスや約900戸の住宅、ホテルなどを複合的に建設する。総事業費4000億円のビッグプロジェクトだ。

同社は2012年頃から海外事業に力を入れており、これまでは単体のオフィスビルや住宅を手掛けてきた。今回の案件は、同社の持つ複合的な街づくりのノウハウを海外で展開することになる。同社は、今回の案件を成功させることで、「事業領域を拡大し、今後のさらなる海外事業の発展につなげる」とコメントしている。

不動産第2位の**三菱地所**は東京・丸の内が地盤。ここ十数年間、丸ビルの建て替えなど丸の内地区の再開発を進めてきた。また、丸の内に隣接する大手町の再開発も進行中だ。

同社は1972年に米国ニューヨークに現地法人を設立して以来、積極的に海外展開を進めてきた。現在は、米国、ヨーロッパ、アジアの3拠点に現地法人を置いて、不動産開発と賃貸事業を行っている。

鉄道会社がベトナムで街づくり

もう一つ紹介したいのは**東京急行電鉄**。鉄道会社だがディベロッパー事業を得意にしている。1953年から東急田園都市線沿線で都市開発を行い、人気のある住宅地を作り上げてきた。同社には都市開発のノウハウと実績がある。

同社は現地企業と提携し、ベトナム・ホーチミン市郊外のビンズン省で森林を切り開いて新たな街づくりを進めている。面積約110haの街区に高層マンション、商業施設、オフィスなどからなる都市「東急ビンズンガーデンシティ」を建設しているのだ。

2012年3月に着工し、学校、ホテル、商業施設を次々とオープン、2014年2月には、ビンズン省庁舎が「東急ビンズンガーデンシティ」内に移転された。これは東京都で言えば、東京湾岸の再開発地区に都庁が移転したようなものだ。

2015年には一部の高層マンションが竣工し、分譲が始まった。そのほか、グループ会社の東急バスの支援を受けて、シャトルバス6ルートの運営も行っている。

新興国の経済成長に伴って、日本のディベロッパーが都市の一体開発を引き受けるケースが増えることだろう。

新たなインフラ需要で収益を伸ばす企業

〈スーパーゼネコン〉	
大林組	首都圏で都市開発に積極的。東京スカイツリーを施工するなど関東圏を強化。
鹿島建設	日本初の超高層ビルである霞が関ビルを施工。超高層建築のパイオニア。
大成建設	大型土木から建築、戸建てまで幅広く展開。海底トンネルに優れた技術。非同族企業。
清水建設	首都圏の高層ビルの施工実績はトップ級。銀座・歌舞伎座の建て替えも施工。
竹中工務店	1610年創業。初代は織田信長の普請奉行。大阪・あべのハルカスを施工。非上場。
〈道路工事〉	
NIPPO	道路工事のトップ。JXホールディングス系。不動産開発も手掛ける。
前田道路	前田建設工業系だが、経営上は一線を画す。コンビニの駐車場舗装なども施工。
日本道路	清水建設系の道路工事会社だが、社長は生え抜きが就任。
東亜道路工業	独立系の道路工事会社。舗装に使用するアスファルト乳剤の最大手でもある。
〈特殊土木〉	
ライト工業	防水工事で創業。法面保護、地滑り防止、斜面安定、地盤改良などを手掛ける。
日特建設	黒部ダムなど国内ダム基礎工事の実績でトップ格。環境・防災関連工事に強い。
大和ハウス工業	国内住宅メーカー首位。戸建て住宅、オフィス、商業施設、病院などを施行。都市開発も。
〈その他の建設・土木〉	
ショーボンドホールディングス	コンクリート構造物を補修する企業の中で最大手。資材や部材を自社開発し外販も。
第一カッター興業	コンクリート構造物を工業用ダイヤモンドで切断・穴開けする工事を展開。
コンセック	建設機械・ダイヤモンド工具のメーカー。コンクリート構造物の切断や穴開け工事も。
〈マリコン〉	
五洋建設	マリコンで最大手。スエズ運河工事など海外実績が豊富。陸上工事にも積極的。
東亜建設工業	マリコン第2位。旧浅野財閥系。新幹線関連など陸上工事も手掛ける。
東洋建設	筆頭株主の前田建設工業と協業推進。関西国際空港や中部国際空港などで実績。

大豊建設	多くの特許を持ち、レインボーブリッジ、東京湾アクアラインなど大型工事に参加。
若築建設	官公庁向け工事が多いが、耐震工事など民間建設拡大を目指している。
大本組	岡山県を地盤に全国展開。最近は建築工事の比率が高い。無人化施工技術確立。
不動テトラ	海洋土木と地盤改良が収益の２本柱。テトラポッドなど消波ブロックの製造販売も手掛ける。
〈トンネル工事〉	
熊谷組	関門トンネルや青函トンネルなどで実績。超高層ビルの施工も手掛ける。
前田建設工業	大型土木工事が得意だが、高級マンションや複合施設も手掛ける。
西松建設	ダム、トンネルなど大型土木に強い。森ビルと共同で虎ノ門一丁目再開発を計画。
安藤ハザマ	2015年12月、ラオス・ビエンチャン国際空港ターミナルの拡張工事に着工。
佐藤工業	世界最長クラスの陸上トンネルである八甲田トンネルで工事実績。非上場。
〈建設機械〉	
コマツ	国内１位、世界２位の建機メーカー。IT駆使で業界をリード。海外売上比率は約８割。
日立建機	国内２位、世界３位の建機メーカー。鉱山機械も製造。海外売上比率は約７割。
タダノ	建設用クレーンの国内1位、世界では第2位。高所作業車も製造。香川県に本社。
加藤製作所	クレーンの国内第2位。パワーショベルや杭打ち機械も製造。
北川鉄工所	自動車鋳造部品、工作機械、タワークレーンなどの産業機械が主力事業。
IHI運搬機械	タワークレーン以外に、工場の建屋内や港湾埠頭で使用するクレーンも製造。
クボタ	農業機械のトップメーカーとして有名だが、ミニショベルで世界トップ。
竹内製作所	ミニショベルのシェアはEU圏で第2位、北米で第4位。売上高の98%が海外向け。
〈セメント〉	
宇部興産	1923年からセメントを製造。機械、化学品、医薬品も手掛けている。
太平洋セメント	国内セメント首位。国内に９ヵ所、海外に９ヵ所工場がある。
宇部三菱セメント	セメント生産会社の宇部興産と三菱マテリアルが出資する共同販売会社。
住友大阪セメント	国内３位。コンクリート補修材も製造。廃タイヤや汚泥などのリサイクル事業も展開。
トクヤマ	ソーダ灰事業の副産物を活用するため、1938年からセメント生産を開始。

デンカ	化学メーカーでカーバイド（炭化カルシウム）は国内首位。1954年からセメント生産。
〈ガラス〉	
日本板硝子	住友系。板ガラスでは世界トップクラス。液晶パネル用ガラス基板からはすでに撤退。
旭硝子	三菱系。板ガラスで世界トップクラス。液晶パネル用ガラス基板で世界2位。
セントラル硝子	国内板ガラスで３位。米国で自動車用板ガラスを生産。フランスのサンゴバンと提携。
〈不動産（ディベロッパー）〉	
三井不動産	不動産業界首位。東京・日本橋や八重洲で地域一体の再開発を推進中。
三菱地所	不動産第２位。東京・丸の内と大手町で地域一体の再開発中。海外展開に実績。
東京急行電鉄	東急グループの中核企業。沿線の開発力に定評がある。輸送人員は私鉄2位。

田宮寛之

1963年、東京都生まれ。87年、明治大学経営学部卒業。ラジオたんぱ（現・ラジオNIKKEI）入社。東証記者クラブで金融マーケット取材を担当。93年、東洋経済新報社入社。多岐にわたる業界取材を担当し、『週刊東洋経済』『会社四季報』『就職四季報』に執筆。2009年、「東洋経済HRオンライン」を立ち上げ編集長に。『週刊東洋経済 就活臨時増刊号』編集長も務め、14年からは『就職四季報プラスワン』編集長も兼務。現在は編集局メディア編集委員。主な著書に、『転職したけりゃ「四季報」のココを読みなさい!』（徳間書店）、『親子で勝つ就活』『就活は3年生からでは遅すぎる!』（共に東洋経済新報社）などがある。

講談社＋α新書 728-1 C

新しいニッポンの業界地図

みんなが知らない超優良企業

田宮寛之 ©Hiroyuki Tamiya 2016

2016年 5 月19日第 1 刷発行

2016年10月26日第10刷発行

発行者―――― 鈴木 哲

発行所―――― 株式会社 講談社

東京都文京区音羽2-12-21 〒112-8001

電話 編集（03）5395-3522

販売（03）5395-4415

業務（03）5395-3615

デザイン―――― 鈴木成一デザイン室

カバー印刷―――― 共同印刷株式会社

印刷―――― 慶昌堂印刷株式会社

製本―――― 牧製本印刷株式会社

本文データ制作―― 朝日メディアインターナショナル株式会社

ISBN978-4-06-272939-0